あやうく
一生懸命生きる
ところだった

하마터면 열심히 살 뻔했다

I almost lived my life at its fullest
By HAWAN

あやうく一生懸命生きるところだった

ハ・ワン＝文・イラスト
岡崎暢子＝訳

ダイヤモンド社

プロローグ
今日から、必死に生きないと決めた

こっちじゃない
気がする……
違うと思ってるのに、
なぜ進むの？ まず
立ち止まるのが先でしょ？

ゲーテは言った。「人生とは速度ではなく方向」であると。

ならば今、必死になって一体どこへ向かっているのだろうか？

頭から煙が出そうなほど考えてみた。

でも、結局どこへ向かっているのかわからなかった。

だから立ち止まった。それがすべてだ。

別に、何か胸に大志を抱いていたとか、計画があったから、まじめに勤めていた会社を辞めたわけではない。ふと我に返ったときには、すでに辞表を出した後だった。「しまった」とは思ったが、なかったことにしてもらうなんて男のプライドが許さなかった。何より、社長は僕の決断を尊重して、快《こころよ》く送り出してくれたのだ。

非常にまずい。そんなつもりじゃなかったのに。本当に会社を辞めてしまうのか？もし引き止めてくれていたなら、説得されたふりをして居座り続けることもできたのだが……まさか自分の説得力がそれほどとは思わなかった。

ああ、一体全体なんという大それた行動に出てしまったのだろう。

それもこれも全部、ゲーテのせいだ。

こじつけでもなんでも会社を辞めた理由を探すなら、一つは、新年を目前にしていたからだ。

今年もあとわずか。2カ月後に40歳になる。そんな人生の節目が目と鼻の先まで迫り、まるで人生最期の日を迎えるかのごとく、そわそわと落ち着かなかった。

まさか自分がそんな年齢になるとは……もう40歳だなんて。いつのまに、そんなに時が流れてしまったのだろう。まだ、何ひとつ成し遂げていないのに。

40歳とは、ささいなことに惑わされない「不惑」の歳だと言われているが、一体どこのどいつが言いだしたのだろう。

お〜い、見ているか？　僕なんか、惑わされてばかりだぞ!!

そのあげくが、このざまだ。大事に温めていた辞表をポロリと落としてしまったのだから。それも社長のデスクの上に！

40歳だなんて、人生の中盤まで生きたようなものだ。最近は「人生100年時代」なんていうが、こんなわがままボディでは100歳までなんてとうていムリだろうから、ここらが折り返し地点だと思う。

そうか、ターニングポイントだ！
だからだろうか？
過ぎた日々と残されたこの先の日々について考えることが多くなった。

この生き方で正しいのか？

もし、間違った方向に進んでいるのなら、今すぐ軌道修正せずにはいられない。
それでこそ残りの半分をまっとうすることができる。
真剣に、力強く、自らに問う時が来た。

間違わずに、前に進めているか？

それを知るためにも、しばし立ち止まる必要があった。

いや、それは単なる言い訳で、正直、毎日こんなふうに生きて何のためになるのかという気持ちが肥大化したのだろう。または、単に疲れすぎてクタクタだっただけかもしれない。

頑張って！（ハイハイ、いつも頑張っていますよ）
ベストを尽くせ！（すでにベストなんですが……）
我慢しろ！（ずっと我慢してきましたけど……）

これまでこんな言葉を、耳にタコができるくらい聞いてきた。
言われるがままに我慢しながらベストを尽くし、一生懸命頑張ることが真理だと、みじんも疑わずにここまで来た。
そうして必死にやってきたのに、
幸せになるどころか、どんどん不幸になっている気がするのは気のせいだろうか？

そう考えたとき、後悔が襲ってきた。

いや、後悔というより悔しさだ。

あと10分我慢して登れば山頂だと言われてひぃひぃ登ったのに、10分たっても頂上は現れなかった。

もう少しだよ、本当にここからあと10分だから……。その言葉にダマされながら、40年も山を登り続けてきた。もう、どうにかなっちゃいそう！

ここまで登ってきたついでに、もう少し登ってみることもできる。必死に登り続ければ、何か見えてくるかもしれない。

でも、もう疲れた。気力も体力も底をついた。チクショウ、もう限界だ。

そう、40歳はターニングポイントだ。そんな理由から、決心した。

今日から必死に生きないようにしよう、と。

心配するため息があちこちから聞こえてきそうだ。アイツとうとう逝《い》ってしまったかと。ムリもない。僕だって心配でどうにかなりそうだから。

誰しも必死に頑張ろうとする世の中で、一生懸命やらないなんて正気の沙汰ではない。でも、自分自身にチャンスを与えたかった。違った生き方を送るチャンスを。自らに捧げる40歳のバースデープレゼントとでも言おうか。

正直なところ、この選択がどんな結果を生むのかはわからない。「頑張らない人生」なんて初めてだ。だからこれは、人生を賭《か》けた実験だ。

この実験は、はたして成功するのだろうか？

実験が失敗に終わっても、僕の人生だから読者のみなさんは何ひとつ心配することはない。それに、ただボーッと生きてみるだけだから何かを大きく失うこともない。たかが必死に生きないくらいのことだ。

だから、心置きなくこのあてのない旅を生温かく見守っていただきたい。僕も、この答えのないムダな人生を楽しんでみるから。

一度くらい、こんな人生を歩んでみたかったんだ。あくせくせずに、流されるまま、どこへ流れつくかもわからないけど、愉快な気分で堂々と。


さあ、旅の始まりだ。

3

あやうく一生懸命生きるところだった　目次

第2章 一度くらいは思いのままに

第3章　生きていくって、たいしたことじゃない

第4章　あやうく一生懸命生きるところだった

第1章

こうなりたくて、
頑張ってきたわけじゃない

今、僕らには努力より勇気が必要だ。

無謀でもチャレンジする勇気、

時に潔《いさぎよ》くあきらめられる勇気のことだ。

何のために頑張っているんだっけ？

以前、「うらやんだら負け」という言葉が流行した。「うらやましい」という感情は自動的に「どうして自分にはできないのか、そうならないのだろう」という深いため息につながり、そのため息を吐き切る頃、僕らは妙な敗北感を覚えてしまう。

何もない自分は負け組だ……。

そうだ。他人をうらやんだら負けるのだ。
だから、うらやんではいけない。「負けた」という感情ほど惨《みじ》めなものはないから。
うらやましいと思わなければ敗北もない。

僕らの社会は間違いなく競争社会だ。何としてでも勝者と敗者を決めたがり、勝

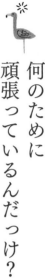

つことで初めて心穏やかでいられる世界。こんな世界で、僕らはずっと負け続けている（ん？　ひょっとして連敗なのは僕だけ？）。

僕には勝った記憶がない。毎日誰かの成功談が降りそそぐこの世界で、自然に敗北感に苛《さいな》まれていた。

一生懸命やっても、状況は良くなるどころか悪くなる一方だった。死に物狂いでやってきたのに、ようやくこの程度だなんて、あんまりじゃないか。

いっそ適当にやってきたなら、これほど憤《いきどお》りは感じなかっただろうに……。どうにも負け続けている気分が拭《ぬぐ》えない。

ところで、誰に負けているのだろう？

悩む僕に、誰かがこんなことを言った。

「あきらめろよ。頑張ってきたから、この程度ですんでるんだ」

ある意味、正しいかも。コネも能力もない人間が、この程度には暮らせていること自体が、頑張って生きてきたおかげかもしれない。

しっかりしろ！
この世知辛《せちがら》い世の中で
必死に生きれば負けるぞ！
ヤメロ！
すまん…
魔が
差したんだ

でも、この程度ってどれくらい？

世の中の人間をズラリと一列に並べたなら、真ん中あたりにはいるだろうか？

いやいや、そんなには良くないだろう。とはいえ最後尾ではないことにしておこうかな……。

いずれにしても、それを知ってからは、一生懸命に生きるのが心底嫌になった。

全力で走り続けているのに……

僕は6年目のイラストレーターだ。5年間も絵を描き続けてきたが、たいして売れはしなかった。だから、代表作のない無名の俳優がバイトを掛け持ちするように、僕もまた副業として会社に通った。

しかし、実際は収入のほとんどを会社の給料が占めていたし、イラストの仕事を始めるより先に会社勤めをしていたので、「たまにイラストを描く会社員」と呼ぶのが正しかっただろう。確実に言えるのは、どちらか一方だけでは生活はままならなかったということだ。

だから必死にサラリーマンをやり、必死にイラストレーターをやった。

長い引きこもり生活からようやく脱出できたこともあり（この黒歴史については後ほど触れる）、働いてお金を稼げるだけでもありがたかった。それも複数から収入を得られるなんて最高じゃないか、と。

しかしある日、相変わらずダブルワークに奔走し、少しずつ疲れ始めていた僕の頭にふと疑問が湧いた。

「どうしてみんなのように、一つの仕事だけで食べていけないのだろう？」

そう考えるようになったとたん、イラストの仕事が嫌になった。お金にもならない仕事。イラストレーターはそんな仕事になり下がった。お金をもらえない限り絵を描くこともせず、たまにイラストの仕事が入っても、それすら煩《わずら》わしく感じられた。

会社の仕事も同じだった。会社が自分の時間を奪っている。そのわりに給料が少ないと思った。

こうして不平不満ダラダラの人間になっていった。

体中が〝毒〟でいっぱいで、圧倒的な敗北感に打ちひしがれていった。

全力で走り続けているのに、良いところの一つもない敗者。

気分は最低だった。

これ以上、負けたくないから、一生懸命をやめよう。

そう心に誓って、まず会社を辞めた。

そこまでする必要があるのかとも思ったが、会社に通えば自分の意思とは関係なく一生懸命生きてしまう。朝早く起きて、満員電車でもみくちゃにされながら1時間かけて会社に行く。それだけでも、とてつもなく必死に生きているように思えた。

だから、辞めた。

会社が大嫌いになったとか、イラストの仕事に集中したかったわけじゃない。初心に帰ろうという気持ちが芽生えたわけでもない。

ただ、一度くらい勝ち負けにこだわらない生き方をしてみたかった。きっと、僕をがんじがらめにしている多くの問題から、一瞬でも離れてみたかったのだろう。

※ 何のために必死に頑張っているの？

最近は、正午をまわった頃に起床している。遅めの昼食を適当にすませ、のらりくらり遊ぶ。ビールを飲んだり、本を読んだり、たまに浮かぶアイデアを描き散らしたり……。そうこうしているうちに夕方になり、晩ごはんを食べてふとんに入る。

「こんなにダラダラして大丈夫か？」と自分でも思うくらいの生活が続いている。

知らず知らずのうちに参加させられていた〝レース〟を棄権したような、今はそんな気分だ。レースに参加していないから、当然、勝ちも負けもない。


ところで気になるのは、それが何のレースだったのか、まったく見当がつかないことだ。

あのレースのタイトルは何だったのだろうか？


誰が一番お金を稼ぐでしょうか大会？

誰が一番最初に家を買うでしょうか大会？

誰が一番出世するでしょうか大会？


さっぱりわからない。とにかく僕は、この正体不明のレースで好成績をたたき出そうと必死に足を動かし、しゃかりきになっていたようだ。棄権して大正解だ。

もう好成績を狙わなくていい。今やレース場外にいる人間だから。まわりの人たちもそれに気づいているのか、僕の成績には興味も示さない。もはや、僕はライバルではないのだ。

僕みたいに生きる人間がひとりくらいいたって、悪くないだろうと思う。たまに「いつか取り返しがつかなくなるぞ」と心配してくれる友人もいるが、そのたびに「なんとかなるさ」と笑って見せる。もちろん本心だ。

なんとかなるさ。ケ～セラ～セラ（Que será, Será）。

俗世の服を脱いだら
気分爽快だなあ

すこし肌寒い
気もするけど……

努力は必ず報われるわけじゃない

村上春樹のデビュー作『風の歌を聴け』の中に、こんなくだりがある。

太平洋のど真ん中、遭難した男が浮輪をつかんで漂流していた。

すると、遠くから同じく浮輪をつかんだ女が泳ぎながら近づいてきた。

彼らは海に浮かんだまま、並んでビールを飲みながらあれこれおしゃべりする。

夜通し話し続けたのち、女は当てもない島を目指して泳ぎ始め、男はそのままそこでビールを飲み続けた。女は2日と2晩泳ぎ続けてどこかの島にたどりつき、男は二日酔いのまま飛行機に救助される。

数年後、この2人が小さなバーで偶然めぐり合う。女はたいそう困惑した。自分は腕がもぎとれるくらい必死に泳いで助かったのに、その場に居残っただけの男もまた、助かったからだ。女は泳ぎながら「男が死ねばいいのに」と思っていたと告白する。しかし、男は生き延びた。必死に泳いだ女と同じく――。

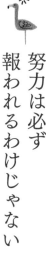

会えて楽しかったわ。私は島のありそうなほうへ泳ぐつもりだけど、あなたは？
島があるかわからないだろう？ ここでビールでも飲みながら救助隊を待つよ

20代の頃、初めてこの文章を読んだときは、「何だかモヤモヤする話だなあ」くらいに考えていた（それでも僕は村上春樹の大ファンだった。その意図するところをわかりもしないのに）。

ところが最近読み返してみたら、以前とは違う感覚を覚えた。

努力したって、必ず報われるわけではない。

ひょっとしたら村上春樹は、このエピソードからそんなことを言いたかったのではないか。

※ 努力は僕らを裏切る

改めて考えてみると、僕らは小さい頃から精神論を刷り込まれてきた。

「一生懸命やりなさい」

「頑張らない者は何事も得られない」

「努力なしに得た成功は成功じゃない」

こんな精神論だ。誰しもがこんな言葉を、それこそ宗教みたいに信じて生きている。もちろん間違いではないが、少し世間がわかってくると、必ずしもそうではないのではと疑念を抱くようになる。いや、人生が長くなるほど、そう強く実感する。だから困惑してしまう。僕らの価値観が根底から揺らぐのだから。

事実、必死に頑張ることも、血の滲《にじ》むような努力もなしに恵まれている（成功している）人は存在する。一方で、誰よりも一生懸命頑張っても報われない人もいる。

たとえば、数え切れないほどのオーディションの末にデビューする俳優もいれば、友人のオーディションに付いて行ったことがきっかけでデビューしてしまう人もいるように。

身近な例で言えば、根を詰めて働いたわりにたいした成績を得られなかった一方で、適当にやった仕事が好成績を収めたような経験は、誰しも一度はあるだろう。

必死に努力したからといって、必ずしも見返りがあるとは限らない。
必死にやらなかったからといって、見返りがないわけでもない。

そうだ、僕らが信じてきたこととは違い、人生とは実に皮肉なのである。

だからといって、一生懸命努力する人を否定するつもりも、適当に生きたほうがいいと言うつもりもない。落ち着いて聞いてほしい。

努力は、必ず報われるわけじゃない。

ただ、それだけの話だ。「そんなバカな！」と腹を立てる気持ちも十分わかる。その事実を知ったとき、正直、僕も腹の虫がおさまらなかった。

冒頭の村上春樹のエピソードに憤る人たちは、必死に泳いだ「女」のほうに感情移入しているのだと思う。おそらく、必死に努力している人である可能性も高い。ゆえにこのエピソードも納得しがたいのだ。努力しなかった男も同じように救助されたのだから。頑張った人間と、頑張っていない人間が同じ成果を得た話など受け入れがたいのだ。

しかしながら、腹を立てるほどの話ではない。逆に「男」に感情移入してみよう。何もせずにじっとしていただけで救助されたなんて、なんとも幸運な話ではないか。必死に努力せずとも、良い結果を得られたのだから。

「単にラッキーなだけ。救助隊が来ないことだってありえた」という人もいるだろう。しかし、それは女も同じだ。近くに島がなかったかもしれない。実は、女も運が良かったのだ。

結果的には女も男もツイていただけの話なのだが、女はそのことに気づかずにただ困惑する。自分は努力の末に結果を得たのに、男が同じ結果を得ているなんて不当だと思い、腑に落ちないのである。

※見返りはいつだってきまぐれだ

なぜ、努力は裏切るのか。だとしたら、これから何を基準に生きていけばいいのか。

それは、僕にもわからない。

しかし、そんな憤りを軽くするすべはわかる。憤りつつも〝認める〟ことだ。

努力してもどうにもならないとか、努力した分の見返りがない場合もある一方で、努力した以上の大きな成果を収める場合もある。

この現実を認めれば、苦しみから少しは解放されるだろう。

自分が〝こんなにも〟努力したのだから、必ず〝これくらい〟の見返りがあるべきだという思考こそが苦悩の始まりだ。

見返りとは、いつだって努力の量と比例して得られるものではない。むしろ努力の量よりも少ないか、またはより多いものである。時には見返りがないことすらある。残念だが真実だ。

もしまわりに、たいした努力もせずに大成功している人がいたら、非難したりせずに受け入れよう。それこそが、自分も努力以上の大きな成果を得られたり、努力せずに良い結果を収められるということだから。そう考えれば、嫉妬に苛まれる必要もなくなる。

相手の幸運を認めれば、自分にもたくさんの幸運が訪れるとかナントカ。信じるも信じないもあなた次第だ。

努力はいつでも僕らを裏切る。努力すればするほどに運命が残酷だと感じざるをえない。そう、あの小説の「女」のように――。「あんまりじゃないか」と嘆く僕らの心を、村上春樹は不思議なアプローチでなだめてくれている。これだから村上春樹を好きにならずにいられない。

人間は生まれつき不公平に作られている。何事も頑張れば叶うなんてウソだ。君の努力が足りないせいじゃない。

そもそも、やる気がなくても働ける

この社会はとにかく「やる気」が大好き。僕らも「やる気＝素晴らしい」という意識をいつのまにか植え付けられている。その証拠にやる気と聞いただけで、なんだか胸がアツくなる。

熱烈な愛情を持ち、頑張る人を嫌う人はいないだろう。もし僕が社長だとしても、やはりやる気のある人材を選ぶ。

しかし、やる気が「あったらいいもの」から「当然、持つべきもの」になりつつある昨今の現実は、なんとも穏やかではない。

みんなが口をそろえて言う。

「やる気を持とう」「やる気なしに成しえることなど何もない」と。

ちまたには、失ったやる気を取り戻すための名言や書籍、講演が溢れかえっている。

会社はどうだろう？　当然、社員が愛社精神を持ち、やる気を持つことを望んでいる。僕が勤めていた会社では、やる気のない人間など必要ないとさえ言っていたくらいだ。

どうやら会社はお金のために働く人間ではなく、やる気を持って共に成長しようとする人間を望んでいるみたいだ。

そして僕らは、今日も「やる気の証明」として残業をする。定時退社はやる気ゼロと見なされるから。その結果、会社は成長していくのに、なぜか僕らの給料は成長しない。

共に成長しようって言ったよね？　都合よすぎない？

世界がやる気を強要しているという思いが拭い切れない。やる気を感じられない人間は不誠実だと思われる。

ここまでやる気が当たり前の世界になってしまうと、やる気が出ない人間にとっては不利であり、不安でもある。

だから、「ないやる気」を無理やり作り出してでも持とうとする。それが、数多くの「やる気コンテンツ」が注目されるゆえんだ。

※

他人のためにやる気を使ってはいけない

「自分の仕事にやる気が持てなくて、心配です」

インターネットの悩み相談でよく見かける文句だが、よく考えてみてほしい。この悩みはちょっとおかしい。

これはつまり、好きでもない人を目の前にして「私、どうしてあなたのことを愛せないのかしら?」と悩むようなものだ。どんなに努力したって、愛せない時点でその人は恋愛対象じゃないのだ。

仕事だって同じだと思う。

やる気の根底には愛情がある。

やりたくないなら当然やる気も起きない。やる気コンテンツに触れて、瞬間的に意欲が湧いても長続きはしない。それに、ムリにやる気を作り出すときは、たいてい自分以外の誰かが望む仕事であるケースがほとんどだ。

やる気とは自ら作り出すものであり、誰かに強要されて作り出すものでは絶対にない。

やる気は愛だ。その仕事を愛することからやる気は始まる。もちろん愛そうと努力した結果、好きになることもまれにあるが、あまりおすすめしたくはない。

そもそも、やる気がなくたってかまわないだろう。やる気がなくても十分働ける。好きでやる仕事もある一方、ほとんどはお金を稼ぐためにある。労働の対価としてお金を受け取っているのだ。

それなのに、やる気まで要求されるなんて、会社はちょっとほしがりすぎじゃないか。湧き出しもしないやる気をムリに作り出すこと自体がストレスだ。

ないならないなりに、目の前の仕事をこなせばいい。

そのうち好きになってくるかもしれないし、ほかにやる気を出せる仕事が見つかるかもしれない。そのときに、やる気を注ぎ込めばいい。

ただし、仕事にやる気が生まれると、また別の問題が生じるので注意したい。

「給料はあまり出せないけど、やる気を持って働くには良い機会だよ。この業界は経験が財産だから」

そう、いわゆる〝やりがい搾取〟だ。ノーギャラとか最低賃金にも満たない報酬でたっぷりこき使おうという下心が見え見えの手法だが、やる気に燃える人種の場合、こうした言葉にあっさりダマされ、やつらの術中にハマッていく。恋は盲目。より惚《ほ》れているほうが負けるのが恋の公式なのだ。世界は僕らにやる気を強要し、僕らはやる気を見透かされ、足元を見られて搾取される。だから、やる気をむやみに見せるのは危険なのである。

やる気はすり減る

とはいえ、やる気とはいいものだ。自分のために使うならば。だから自分が何かに熱中しているときは、その気持ちは自分のためなのか、それとも他人のためなのかをよく考えてみる必要がある。

知る限りでは、やる気とはそれほど頻繁に生まれるものでも、持続可能なものでもない。やる気はすり減る。だから、むやみに使うと本当に必要なときに使えなくなる。やる気を絞り出し、むやみに使ってはいけない理由はそこにある。

いつかはやる気を注ぎたくなる仕事に出合えるはずだし、そのときのために自分のやる気を大切にしよう。やる気がないだの、あるだのという言葉には決して踊らされないように。自分のやる気は自分がコントロールしよう。

ムダな抵抗はやめろ！
ムリしてやる気を出すな！

「人生マニュアル」を捨てて自分らしく

もう、うんざりだ。年相応に持って然《しか》るべきものが、こうも多いとは。

僕らの社会には、〝この年齢ならこれくらいは〟という「人生マニュアル」が存在する。誰も見たことがないのに誰もが知っているマニュアルだ。

そして、誰もがそれに合わせようと努力する。そうじゃないと不安だから。自分だけが取り残されるような気がするから。

子どもの頃は、このマニュアルのプレッシャーを気にも留めなかった。希望に満ち溢れ、無限の可能性を信じられる時期でもあったから、たとえ今すぐ何かを手に入れられなくても落ち込みはしなかった。

しかし、ある程度年を重ねてくると、世間の目が突然冷たく感じられるようになった。

「いい年して、今まで何してたの？」と。

確かに何をしてきたんだろう？　マニュアルの項目ひとつさえクリアできていないから「年がいもない」と言われても返す言葉がない。この先、50代、60代と年を取るたびにその項目は増えていくだろうが、マニュアルからどんどんかけ離れていく気しかしない。

今も、未婚で賃貸暮らし、車もない。

だけど不便でもなければ、悲しくもない。

問題は、自分の気持ちにかかわらず、周囲の人々が「かわいそう」「なさけない」という目で見てくることだ。そのたびに、僕は空気を読んでかわいそうなふりをする。いや、間違いなくかわいそうである。もともとは悲惨でもなんでもなかったのに、そんなレッテルを貼られたせいか残念な気分になった。

自分の人生なのに、自分の気持ちなのに、どうして他人の評価によって大丈夫だったり大丈夫じゃなかったりするんだろう？

さっぱり見当がつかない。

え？　まだ結婚してないの？
僕らの年なら結婚して子どももいないと
まだ賃貸暮らし？
僕らの年ならこれくらいの
坪数のマンションは買ってないと
車もないの？
僕らの年なら軽自動車はちょっとアレだから、
これくらいのグレードの車には乗ってないとね
会社も辞めたって？
フリーランスなんて聞こえはいいけど結局不安定だろ？
会社に入れよ。僕らの年なら、
これくらいの年収は稼いでないと
保険も入ってない？
僕らの年なら医療保険くらい入ってないと……
そういう人生マニュアルって
どこでもらってくるの？
市役所行けばもらえる？

❊「なんで結婚しないの？」

かなり前のことだが、ある人から面と向かって堂々と質問されたことがある。

なぜ結婚しないのか、当然すべきなのになぜか、と。

でも、何ひとつ答えられなかった。いや、答えたくなかった。相手は悪意もなく、純粋な好奇心から質問したのだろうが、まるで暴力のように感じられたから。


みんなが正しいと信じる価値観に同意しない者への暴力。

なぜまわりに倣《なら》わない？　説明してみろよと。


決まっていつも、説明するのは僕だった。彼らは説明する必要がない。当然の質問をしているだけだから。僕にだけ、納得できる説明を要求する。その答えによって許せるか否《いな》かをジャッジするかのように。

しかし、気になった。彼らの中にひとりでも「結婚しなければならない理由」について真剣に考えたことがある人がいるのかと。


「愛しているから」

「一緒にいたいから」

「人間の道理だから」

「子どもがほしいから、当然でしょう」


でも、彼らの理由もそれほど説得力があるようには思えなかった。

なぜ、結婚を〝当然するもの〟と考えているのか？

結婚という制度は必要だから生じた。ならば、必要と思わないからしない人もいるのに、なぜそこに合理的な理由を求めるのか？　必要ないものを購入しない人に「なぜ買わないのか？」と聞くようなものじゃないか。

親、兄弟、親戚、友人、先輩、同僚など、あまりに多くの人が尋ねてくるから、めんどくさくて、いっそ結婚してしまおうかと悩みもした。

結婚しないのには自分なりの理由があるのだが、それをすべての人に説明し、許可を得ないとダメなのだろうか。

結婚制度が悪いともなくすべきだとも思わない。ただ、「自分はしない」と言っているだけなのに、世間は納得がいかないようだ。

❊ 今日からが「マイウェイ」

みんなと同じように生きないという選択は、あらゆる面で疲れる。ひょっとして、みんなも疲れるから他人に合わせて生きているのだろうか。

もちろん僕も、いつも他人の視線を気にしてきたし、誰に見られても恥ずかしくない人生を送ろうと努力してきた。たとえ、それがうまくいかなくても。正直、「人生マニュアル」に合わせて生きてみたかったけど、簡単ではなかったんだ。

でも、本当に恥ずべきは、この年で何も持ち合わせていないことではなく、自分なりのポリシーや方向性を持たずに生きてきたという事実のほうかもしれない。

これまでほしがってきたものは全部、他人が提示したものだった。

みんなによく見られようとしていた。それが恥ずかしい。

僕は、必死に追いかけて追いつけなかったどころか、つんのめって転んだ人間だ。

でも、転んだついでにちょっと休んで、自分だけの道を探してみようとも思った。

そう、これからが「マイウェイ」だ。

もう「金持ち」になるのはあきらめた

「お金持ちになってください」

韓国で、お正月に何げなく交わされる挨拶文句だ。しかし、韓国人が昔からこんな挨拶を交わしていたわけではない。あのＣＭが放送されるまでは……。

時は２０００年代初め、あるカード会社のＣＭに有名女優が登場し、こう叫んだ。

「みなさ〜ん、お金持ちになってくださ〜い」

このＣＭは大反響を呼んだ。当時の強烈な印象が今も残っている。

「お金持ちになってください」という言葉は、瞬《また》く間に国民的流行語となり、誰もが「お金持ちになってください」と挨拶した。口にすれば今すぐにお金持ちになれるような、そんな甘い夢を僕たちに抱かせた。「お金をたくさん稼いでください」

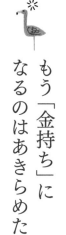

「大ブレイクしてください」など、類似の挨拶まで登場したほどだ。

とにかく、あのCMが電波に乗るまでは、「金持ち」は身近な単語ではなかった。金持ちとは、生まれつき、あるいは成金のごくごく少数の人にのみ使われ、普通の人々とは縁のないものだった。豊かに暮らしたいとは思っていても、その価値観は人それぞれ。「豊かに暮らす＝金持ち」ではなかったはずだ。

しかしこのCMは、その至極あいまいだった「豊かに暮らしたい」という目標を、力技で一つにまとめ、全国民に提示したのだ。豊かに暮らしたいならお金持ちになれ、リッチになれ、と。国民は、この単純明快な目標に熱狂した。

1997年にIMF通貨危機を経験してから、韓国経済は混乱を極めた。いくつもの会社が倒産し、数え切れないほどの人々が職を失い、多くの人が自ら命を絶った。幸いにも、僕の家は大打撃をまぬがれた。それはまぁ、我が家が通貨危機以前から貧しく、さらに苦しくなったとて、たいして変わりなかったからだけど……。

通貨危機を経験した国民は、お金の重要性を痛感した。国家や会社だけを信じてぼんやりしていたら、とんでもないことになる――。そんな危機意識が蔓延し、国民はみな不安がった。

そんなときにタイミングよく登場した「お金持ちになってください」というキャッチフレーズは、この問題をすべて解決してくれる唯一の手段のように見えた。

もはや、金持ちは無縁の話ではない。僕の目標であり、みんなの目標だった。


以降、韓国では「お金持ちになろうフィーバー」が吹き荒れた。

「私はこうして金持ちになった」という武勇伝や書籍が雨後の筍《たけのこ》のごとく登場し、実際に金持ちになれた人は、人々の羨望と称賛を浴びた。

結果、金持ちは自分たちよりお金を持っていない人々を見下し始めた。私は君たちより上だと。

こうしてこの国は、お金が最高という〝物質万能主義社会〟になった。


もちろん、僕もお金持ちになりたかった。

口では「金持ちなんて望んでないよ。お金の心配をしないで暮らしていけるくらいに稼げれば十分」なんてきれいごとを言っていたが、とどのつまり、それは金持ちになりたいという意味だった。本音では金持ちを渇望していたのだ。できることなら、必要以上の大金を手にしたかった。底なしの大金を。

だけど、金持ちにはなれなかった。僕だけじゃない。「お金持ちになってくださ～い」と励まし合っていた国民の大部分がお金持ちになれなかった。目標を叶えられなかった人たちは、正体不明の敗北感と自責の念を抱いて生きることになった。

※ やみくもに「金持ち」を目指すのは正しくない

「お金持ちになってください」という言葉は、最初はただの正月の挨拶にすぎなかった。「お金持ちになってほしい」とは、幸せになってほしいという意味であり、呪いでもなんでもない。

しかし一方で、押し付けに取れなくもない。「必ず金持ちになってください。さもなければ惨めですよ。金持ちが一番幸せですよ。ほかのことには価値がないですよ」と。

久しぶりに会った知人にも、最近エッセイを書いていると言ったら、即座にこんなことを聞かれた。

「それってお金持ちになれるの？」

なんとなく発した質問なのだろうが、こう聞こえた。

「それ儲かるの？　儲からないならムダじゃないか？」と。

「いやいや、エッセイで儲かりはしないよ。それより最近どう？」

適当にはぐらかしたが、苦々しい気分になったことは否《いな》めない。

しかし、知人を責めることはできない。自分の気持ちも知人と何ら変わりなかったからだ。


僕らはみな、お金が最高という物質万能主義の時代を生きている。

よく、お金は手段であり目的ではないと言うが、**僕らは長い間、お金が目標の人生を生きてきた。**

恥ずかしながら、僕もそのひとりだった。

自分自身が「どう暮らしたいのか」「どんな仕事をしたいのか」といった大事なテーマを差し置いて、より多く稼げる道を追いかけて生きてきた。お金を稼ぎさえすれば、ほかの問題は自動的に解決するものだと信じていた。

「お金で解決できないことなんて、どこにある？」

「お金さえあれば、やりたいことも全部できる」

そんな心情だった。それで大金が稼げたら言うことはないが、そうはならなかった。お金を追いかけて生きてきたのに、お金はいつだって僕のところにやってこなかった。

そこでようやく認めることができた。自分にはお金を稼ぐ能力が決定的に不足していることを。

そして気づいた。

「どうすれば金持ちになれるか」だけを考えすぎるあまり、本当に大事なものを見落としてきたことに。

だから、金持ちになることはあきらめることにした。これまで辛酸《しんさん》を舐《な》めてきたが、やみくもに金持ちを目指すのは正しくない。

僕はここまでだ。みんな、僕を置いてどうぞお先に。

※ お金に隠れていた「大切な疑問」

いまだにお金が好きだし、お金との縁は切れない。けれど、今はそれを目的に生きてはいない。


お金が目的じゃないなら、この先どう生きるべきか？

どんな仕事をすべきなのか？

どんな人になりたいのか？


多くの疑問の答えを探すには、けっこうな時間がかかりそうだ。手放してこそ見えてくるものが、たくさんあった。

ところでお金持ちはあきらめたのに、なんとなく残念な気持ちになるのはなぜだろう？　あきらめずそのまま金持ちを目指せばよかったかな？

いやいや。もう望んでないよ、ウソじゃないよ。

あっぶね〜
あやうく金持ちに
なるところだった
なれないのではなく、
ならないのだ

ほかの選択肢はないという「執着」

青春時代、不治の病を患《わずら》っていた。その名も「ホンデ※病」。美大を目指す受験生たちの間に蔓延する流行りの病だ。

僕が受験生だった頃、この病にかかって七浪もしているという浪人生の噂が予備校街を駆け巡っていた。ホンデじゃなきゃ美大にあらず――。こうして7年間も浪人生活を送らせる、恐ろしい不治の病だ。

ウソかマコトか定かではなかったが、それほどまでに恐ろしい病らしいと噂になっていた。

そして、いつしか僕もその恐ろしい病に感染してしまっていた。

高3のとき、ホンデを受けて落ちた。ほかの大学には合格していたが、当然蹴っ

※韓国一の難関美大。ホンデ＝弘益大学校

た。滑り止めに行くよりは、一浪してホンデに行くほうが、当然価値があると考えていたからだ。

――しかし翌年、再び落ちた。そんなバカな、貴重な1年を費やしたのに。ここであきらめては、この1年がムダになる。合格できなかったのは努力が足りなかったからだ。もう1回、もう1回だけ挑戦しよう……。

そして、二浪した。今振り返ってみれば、ここでやめておくべきだった。次こそは必ず合格しなければならない……。誰よりも頑張って、誰よりも合格を願った。「神様、ホンデに受からせてください」と毎日お祈りもした。

それなのに、オーマイガッ！　またまた落ちてしまった。三度目の不合格だった。

合格発表のあった夜、ホンデ近くの橋の上から、冷たい漢江《ハンガン》の川を見下ろしていた。僕の人生、終わったなと思った。橋の上から人生を終わらせようと考えていた。

三度も挑戦して落ちるなんて、どういうわけだ？

自分より下手くそなやつらが合格したのに、なんで落ちたんだろう？

緊張しすぎたせいだろうか？

確かにホンデの受験会場に足を踏み入れて、ただの一度も実力を発揮できたためしがなかった。それどころか、いつも惨敗で会場を後にした。誰かが、実戦で力を発揮できてこそ本当の実力だと言っていたがまさにその通りだな。

とにかくホンデに合格はできなかった。それはすなわち実力不足、努力不足を意味した。言い訳なんか必要ない。自分は負け組だ。どの面下げて親に会えばいいのか。そう考えると、このまま潔く死んだほうがいいと思った。

そうだ、死のう……！

そう考えたが、恐ろしくてどうしても飛び降りることができなかった。死ぬ勇気すらない卑怯《ひきょう》な自分に、ますます惨めな気持ちになり、泣きながら橋を渡り終えた。冬の風が冷たかった。どうやらこのへんが年貢の納め時のようだった。

そしてその春、仕方なく滑り止めの大学に入学した。でも、2カ月くらい通っても馴染《なじ》めなかった。

「こんなところに入るために這《は》いつくばって二浪までしたのか？」

「そもそも、実力からして最初からココだったんだ。身のほども知らずにもがき続けて、いいざまだぜ」

僕をなじるもうひとりの僕の声が聞こえてきて、何も手につかなかった。

このまま負け組として、敗北感を胸に生きていかなければならないのか？

そう思ったとたん、急にふつふつと負けん気が湧いてきた。

そうだ、次こそ絶対にホンデに合格してみせる！

……そう、この病は簡単には治らないのだ。


そして、親に内緒で大学を退学した。学校へ行くと嘘をつき、再び受験勉強を始めたのだ。三浪だった。

もはや、引き下がることはできない。ホンデ合格だけが唯一の希望であり、ほかの道はなかった。

ああ、ホンデ病で七浪した浪人生の都市伝説は嘘じゃなかったんだ。まさに自分みたいなやつがそうなるのだと実感した。

今思えば、たかが大学の看板ひとつに7年も費やすなんてバカげていると思うが、当時は当然その価値があると考えていたし、何かに取り憑《つ》かれていたのは間違いなかった。

※ 絶対にあきらめない？　それって執着かも

そうこうしながら冬になり、ホンデの入試に臨んだ。そしてその年、四度目の挑戦でようやくホンデに合格した。

この経験談を、あきらめずにチャレンジし続ければ夢は叶う、というサクセスストーリーとして読み取ってしまったなら、まったくの見当違いだ。

これは目標を見誤ったがために、**ほかの選択肢はないと妄信してしまうことがいかに愚かであるか**という話である。

僕がホンデを渇望していた理由は、美大の最高峰であるホンデへの合格が人生を変えてくれると信じていたからだ。大人たちも、一流大学に入りさえすれば人生は必ず成功すると語っていたし、誰もが美大といえばホンデだと口をそろえた。ホンデ卒というだけで大企業からのスカウトが絶えないという噂も聞いた。

「それだ！　ホンデに入れば、うつうつとした僕の人生も一発逆転だし、誰も僕を軽視できなくなるはず！」

当時は、それだけが唯一の希望だった。しかし、その考えがどれだけウブで単純なものだったかわかるまでにそう時間はかからなかった。

あれほど苦労してホンデに入学したというのに、人生が変わることはなかった。キャンパスのロマンや学びへの情熱はおろか、ひたすら学費を稼ぐためのアルバイトばかりの毎日。大企業からのスカウトなんていう噂も、文字通り噂にすぎなかった。誰もが自分の食い扶持《ぶち》を探すことに奔走していた。そして、僕は道を失った。

そんなとき、公務員試験に四浪したあげく自殺したという青年のニュースを耳にした。母と一緒に田舎へ帰る道すがら、パーキングエリアのトイレで首を吊ったという。どれだけ思い悩み、苦しんだことか。また、どんなに申し訳ない気持ちだっただろうか。多くの若者が公務員試験に群がる現実も嘆《なげ》かわしいが、そこで失敗したからと命まで絶ってしまう現実はもっとやるせない。

公務員が大事な命をかけるほどの大仕事でもあるまいしと、この青年の気持ちが理解できない人も多いだろう。しかし、人間というのは何かに執着し始めると、ほかのことはまったく視野に入らなくなるものだ。僕も死のうと思ったくらいだから。

ほんの少し顔を上げて周囲を見渡すだけで、ほかの選択肢がいろいろとあると気づくのに、執着してしまうとそれが見えなくなる。

たった一つ、この道だけが唯一の道だと信じた瞬間、悲劇が始まるのだ。

女の子は猫が
大好きなんだって。
俺、猫になってモテよう
本当にほかに
道はないの？
カワイイ

道は絶対一つではない。そして信じて進んだその道が、歩んでみると思い描いたものではなかった、ということも実に多い。

だから、「絶対あきらめるな」という言葉が嫌いだ。命以外なら全部あきらめたっていいとすら考えている。

もちろん、なんの努力もせず簡単にあきらめていいとは言わない。思い描く目標があるなら最善を尽くしてみるべきだ。

そのうえで、何度か挑戦してダメならば、勇気を持って潔くあきらめるのが正しい。僕のように三浪までしたりと、しつこくしがみつくことはズバリ執着だ。

「絶対あきらめるな」という言葉ほど、残酷な言葉はない。ましてや、その目標をあきらめられずに命まで絶ってしまうなんて、そんな悲劇がどこにあるだろう。

世の中にはたくさんの道が存在する。一つの道にこだわりすぎるのは、ほかの道をあきらめていることと同じだ。

あまりにもつらく、耐えがたいならあきらめろ。あきらめたって問題ない。

道は絶対、一つじゃないから。

必要なのは、失敗を認める勇気

株式投資に熱狂していた時期があった。そう、一攫千金を夢見たのだ。株で一発当てて仕事をすべて放り出そうという甘い夢だった。

初めのうちは、ちょっとだけ儲けた。そして、すぐさま希望的観測に取り憑かれ、苦労して集めたお金をすべて株につぎ込んだ。

どうなったかって？　もし大成功していたなら、今こうしてイラストなんか描いているわけないだろう。結局、高い授業料を払ったところで我に返り、投資からは完全に手を引いた。

ああ、すっかり忘れていたのに、また悲しくなってきたよ……。

株式投資で特に重要なことの一つが「ストップロス（損切り）」だ。ストップロスとは株価が下落して損失が出たときに、それ以上の損失を出さないために、失敗を認めて保有する株を売却することを指す。自分の購入額より株価が下落し、これから先も回復が見込めないと予想されるなら、損失を最小限に抑えるためにも損切りの決断が重要だ。

この当たり前のことができずに、損失を拡大させてしまう人のなんと多いことか。目の前で株価が下がり続けているのに、売却できずに「ナンピン（買い増し）」か「塩漬け」にしてしまう。近い将来、また株価が上がるだろうと考えているのだ。

しかし、その戦略はたいてい失敗する。すべてを失ってから初めて、あのとき半分でも回収しておけばよかったと後悔するのが一般的だ。その一般に、当然僕も含まれている。悲しい……。

簡単なことのように聞こえるストップロスができない理由は、ズバリこうだ。

今までいくら投資したと思っているんだ、手放すなんてもったいない！

元手を考えてあきらめられなくなる思考を「コンコルド効果」と呼ぶ。1976年、イギリスとフランスにより共同開発された世界初の超音速旅客機コンコルドにちなんでつけられた。

莫大な資金がつぎ込まれたこの旅客機は、はなから両政府の技術力を誇示し合う目的でスタートしたも同然のプロジェクトで、効率とは無縁の代物だった。搭乗できる定員数は少なく、搭乗費用は高額、燃費はすこぶる悪く、さらには呪われているかのごとく不具合が相次いだ。

コンコルドは〝史上最悪の旅客機〟という烙印を押されて生産中止が叫ばれたが、イギリスもフランスもこの旅客機を最後まで手放さなかった。互いのプライドがそれを許さなかったし、これまで費やしてきたコストを考えると簡単に手を引けなかったのだ。

あげく、乗員乗客全員が死亡するという大惨事が起き、ようやく2003年に世論に押される形でその不毛な歴史に幕を下ろした。

人生にもストップロスが必要だ

あきらめとは「卑屈な失敗」だと教わってきたが、実のところそうではない。

賢明な人生を生きるうえでは、あきらめる技術も必要だ。

僕らは、忍耐や努力する技術については幾度となく体にたたき込まれてきたが、あきらめる技術は教わらなかった。いや、むしろあきらめてはいけないと習った。

だから、あきらめられずに大損害を被ったりする。

僕の度重なる入試の失敗談も、あきらめずに挑戦し続ける「不屈の意志」の話ではない。まさしく「コンコルド効果」に陥っていたのだ。

どれだけの時間を受験に費やしてきたか、という気持ちでいっぱいだった。その期間をムダにしたくなくて失敗を認められず、挑戦を繰り返した。挑戦している間は失敗ではないから。そうして失敗を先延ばしにしていたのだ。

三浪の末に合格しただけマシで、もしそこで不合格だったなら、きっとまた受験していたに違いない。いつもこれが最後だと腹をくくっていたが、落ちると必ず、これまでに費やした労力と時間を考えて、潔くあきらめることも失敗を認めることもできなかった。

賢明なあきらめには〝勇気〟が必要だ。

失敗を認める勇気。
努力と時間が実を結ばなかったら、潔く振っ切る勇気。
失敗しても、新たなことにチャレンジする勇気。

こうした勇気だ。賢明なあきらめとは、極限まで耐えしのんで仕方なく受け入れるあきらめとも、つらくてさっさとあきらめる意志薄弱とも違う、まったくの別物だ。適切な時期に、まだもう少しムリできそうでも勇気をもってやめることだ。

なぜかって？　その選択こそ利益だから。

人生にも「ストップロス」が必要だ。タイミングを逃すと、少しの損失ですむものが大損害になる。

我慢してやみくもに努力することだけが能力ではない。

今、僕らに必要なのは、努力よりも勇気のようだ。それは、たとえ無謀でもチャレンジできる勇気、そして適切な時期にあきらめられる勇気のことだ。

さあ、キミならできる！
今すぐ勇気を出してあきらめよう！
Are You Ready？

人生に「正解」を求めすぎたばっかりに

「青春」という単語を辞書で引いてみたら、「10代後半から20代にかけての人生の若い時節」と出ていた。寿命が延びた近頃では30代も青春とみなすようだ。

……なんということだ!? そういえばもう40代だ。僕の青春は終わっていたようだ。

青春が終わったことは残念ではあるが、一方では安堵もしている。なぜかというと、「青春の熱病」に浮かされなくてすむからだ。

青春時代は、何事も暗く不透明にしか見えなかった。理想と現実の間でおろおろと手をこまねき、勇気も持てず、ただひたすら日々の生活に振り回されているような気分だった。激しく悩んで、無性に腹も立った。体はいつも熱を帯びていて、かろうじて呼吸ができている、そんな気分だった。

今はあのときみたいな熱はない。熱は、ずいぶんと下がった。

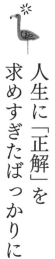

しかし、幸いにもクールダウンできたとはいえ、当時の悩みや不安は今もなお消えてはいない。

前途はいつでもぼんやりしている。何らかの問題を常に抱え、いまだに答えも勇気もない。年を取っても生活に振り回されている気分に変わりはない。

もし、この本を読んでいるあなたが青春ど真ん中なら絶望するかもしれない。年を重ねれば、少しは悩みも減って余裕ができると思っていたのに、40代でも変わらないのかと。すまない。僕自身も気がふれそうなんだ……。

会社員だったほんの数年前も、青春の熱病の真っただ中だった。

当時、会社を辞めるかどうか迷っていた。理想と現実を天秤にかけて幾日も悩んだあげく、あと3年、とにかく3年だけ、ぐっと我慢して勤務しようと決意した。

3年間、一生懸命貯金して退職しよう、それからフリーランスに転身したって遅くはない——。

そう考え、3年間の貯蓄計画を立てた。安全な未来のための健全な選択だ。

しかし、その1週間後……会社がなくなった。社長が社員を呼び集め、会社を畳むと宣言したのだ。ここのところ売上が減少し、展望も芳《かんば》しくなく、その他もろもろの理由で廃業を決意した、と。
ああ、あの退職の悩みは何だったんだ？
僕の賢明な選択と3年計画はどうしてくれるのさ？

そのとき感じたことは、人生とは自分の思い通りにならないどころか、どんなに思い悩んで何かを選択しても、その選択自体が無意味になる瞬間があるという事実だった。目標に向かって必死にボートを漕《こ》いでいたのに、大きな波にのまれて想定外のところに押し流されたような、そんな気分だ。

僕らは人生を望み通りに進められると信じているが、たった一度の波にさらわれる、か弱い存在なんだ。きっと。

運命論者ではないが、人生には自分の力ではどうにもできない部分がかなり多いという点には同意するほかない。片思いしている相手の気持ちを自分がコントロールできないように。

青春の熱病に浮かされていた頃は、自分の選択が未来を100パーセント左右すると思い込んでいた。

だから選択のたびに慎重になり、怖くなった。

この選択で本当に正しいのか？　間違えていたら人生が狂ってしまうこともありうる。最善の選択、後悔のない選択をしなくちゃと。

もちろん、慎重になることは間違いではない。

しかし、すべてが自分の選択にゆだねられると考えるのは実に傲慢《ごうまん》だ。

自分がどんなに右に行きたいと願っても、大きな流れによって左に押し流されてしまう場合もある。「もし違う道を選んでいたとしても、結局はたいして今と変わりなく暮らしているんじゃないか」と僕が考えるのはそういう理由からだ。

人生に正しい選択なんてない

「階段のすべてを見ようとするな。ただ最初の一歩を踏み出せ」

——マーチン・ルーサー・キング・ジュニア（キング牧師）

悩むことは必要だが、これといった答えが出なかったり、運よく答えを得たとしても、その方向に事が収まるとは限らない。もしうまくいったとしても、必ずしも正しい選択であるわけでもない。正しい選択をしたつもりが、後々考えるとそうでもなかった、ということもあれば、選択を誤ったと思っていたのに後から良い結果につながることもある。

そう、結果は誰にもわからないものだ。

だから、眉間にシワを寄せて「どれを選べばいいか？」「正解はどれか？」と思い悩み、自分を苦しめる必要なんてまったくない。

人生のすべてをコントロールしようと考えてはいけない。

だって、そもそも不可能なのだから。

この事実に気づいたとき、妙に慰《なぐさ》められた。

ああ、すべて自分のせいじゃなかったんだと思えた。


年を重ねても悩みや不安はなくならないが、割と冷静でいられるのは、自分の力ではどうにもならないことに悩まなくなったからかもしれない。

もっとも、そこまで思い悩めるほどの体力もないのだが……。思い詰めるほど悩めるのも、若さの特権だと思う。年を取って良いこともあるもんだね。

青春の熱病は去った。お次は中年の危機か？　人生とは飽きる暇がない。

さらば、青春の熱病！

ああ、いくつになっても
終わりのない青春の熱病！

私だけの人生をうまく描くコツ

なぜだろう？　ぐっとペンを握りしめ、思った通りにちゃんと描けたと思ったのに、どうも最初の想像とかけ離れている。力みすぎたのだろうか？　それにしてもこの程度の画力だなんて情けない……。

絵を描いていると、だんだん指が痛くなってくる。理由は自分でもわかっている。絵に集中するあまり、必要以上にペンを強く握りすぎているのだ。たまに指がつるなんてこともある。

鉛筆を強く握ればうまく描けるのかって？

とんでもない。むしろ逆だ。

線が硬くなり、思うように描けない。あまりに筆圧が強いので、消しゴムで消しても鉛筆の線がくっきりと残るほどだ。

うまく描くコツは、手の力を抜くことだ。落とさない程度の軽い力で鉛筆を握れば、もっとうまく描ける。

もちろん最初は軽く握って描き始めるのだが、無意識のうちにだんだん力んでくる。

でも、理由はわからない。だから僕は絵が下手なのだろう。

力まないで絵を描くのは、簡単に見えてとても難しい。

うまくやりたい、失敗したくない。

こんな気持ちから、つい力が入ってしまう。

力むというのはつまり柔軟ではないということ。恐れがあるということだ。

これまで何事も力みすぎて、うまくいったためしがない。

絵も、歌も、スポーツも、たぶん人生もそうかもしれない。

僕の人生がこんな調子なのも、あまりに力みすぎたせいではないか？　肩に力が入りすぎて凝り固まっているのかも？

行き当たりばったりで人生を送りたい人なんかいない。人生を前にすると誰しもが真摯《しんし》にならざるをえない。より良く生きようと、みな必死だ。歯を食いしばり、両手のこぶしをぎゅっと握り、頑張ろうといきんで肩がガチガチになる。

夢に見た私の姿を
描いてみよう！
ソロ
ソロ

ちょっ！
誰、アンタ

僕らは、力まずには生きられない。力を抜けば倒れてしまうと思い、さらに力む。

恥ずかしいが、僕も怖くてずっと力を抜くことができなかった。

力を抜くとはつまり、リラックスして、柔軟で、自然体で、欲を出さないこと。

それができず、今までの人生を必死に生きてきた。

そうして長いこと終始ビビりながらやってきたけど、もはや怖いものはない。どうせ絵がヘタなのだから。

そんな理由から、今はちょっとだけリラックスできるようになった。

カボチャに線を描き足せばスイカに見えるなんてことはない。

だから、リラックスして描けばいい。

自分の人生を最上のものにデザインしようなんて欲は、今は少し手放せた。

さあ、頑張らないでリラックスしよう。ガチガチの筋肉をほぐして柔軟に。いつまでも殴られ続けていないで、今度はさらりとかわしてみよう。

やりたいことがあるなら、恐れず一歩踏み出してみよう。転んだとしても何事もなかったかのように起き上がればいい。

大丈夫。うまく起き上がれるよ。

そこまで深刻に生きるものじゃない

よく人生は「なぞなぞ」にたとえられたりする。

目の前に突き付けられた、わかるようでわからない問題を解こうとする点では、確かに似ている。誰もが正解を求めて苦労し、考えれば考えるほど迷宮にハマっていくのも、なぞなぞのひっかけ問題みたいだ。

しかも、その答えが正しいか否かも確認させてもらえない。ただ自分で答えを探し続けるだけ。

う〜ん、こんな難しいなぞなぞってある？

誰かが、ついに答えがわかったと言う。僕も、そう感じたことがあった。

しかし結局、解決には至らない。これが答えだと思っても、そのうち「あれ、違ってたかな？」という疑心が湧く。

そもそも、本当に正解があるなら、こんなに多くの人が自分の人生を抱えて右往左往しないはずだ。

このなぞなぞの出題者は、はなから正解など用意していないようだ。それでも僕らは、このなぞなぞを解こうとチャレンジし続ける。

では一体、どうして答えのない問題に挑み続けるのか？

それはきっと、楽しいからに違いない。なぞなぞの本質は楽しさにある。

そうだ。本来、楽しむことが目的のなぞなぞに、僕らはあまりにも死に物狂いで挑んでいるのではないか？

答えを探すことにだけ集中し、問題を解く楽しさを忘れてはいないだろうか？

なぞなぞは、必ずしも正解しなくていい。間違えても楽しいのだ。

しかも、このなぞなぞには、どうせ正解なんてない。

僕もずいぶん長い間、このなぞなぞを真剣に解いてきたひとりだ。

「人生は遊びじゃないんだ。真剣に生きろよ」

と、冷酷な現実世界をかき分けて進もうとしてきた。そのせいで、楽しむべき若

あんまり心配するなよ。
人生はなぞなぞみたいなもんさ。
解き続ければ……
解き続ければ？

なんのこっちゃ、
って思うのさ
ぶん殴るわよ？

き日々が、ひたすら深刻に過ぎ去ってしまった。実にもったいない。

もちろん人生が楽しいだけのはずがない。当然、苦しくもあり、悲しくもあり、イライラもする。不安でやっかいなことが入れ代わり立ち代わり訪れ、僕らをテストする。

そして、人生がこう問う。

「さあ、君はこの問題をどうやって解くつもりかい？」

※ 人生は「答え」より「リアクション」が重要な試験

イザベル・ユペールが主演した映画『ＥＬＬＥ』を見た。この映画は、主人公ミシェルが自宅に侵入してきた覆面男にレイプされるというおぞましいシーンから始まる。

しかし、もっと衝撃的なのは、犯人が立ち去った後に彼女がとった行動だ。ミシェルは何事もなかったかのように起き上がると、荒らされた部屋を掃除してシャワーを浴び、いつも通りのルーティンをこなして出勤する。彼女の態度はあまりにも平穏だ（だからといって、彼女の苦しみと被害が軽いわけではない）。

この事件の後も、ミシェルには次々と難題が押し寄せる。彼女が代表を務める会社での出来事や人間関係のもつれのほか、たったひとりの息子は恋人に利用され、おまけに刑務所にいる父親のせいで忘れていた古傷さえよみがえる。

しかし、いかなる問題にも彼女は淡白に対応する。取り乱したりもせずに。なぜこんな冷静に対応できるのか不思議なくらいにだ。

そんなミシェルの言動が、ストーリーを引っ張る原動力となっている。

ミシェルは一体何を考えているのか？

彼女は、いかにこの山積みの問題を解決するのか？

ミシェルはヒステリックに騒いだり、嘆いたりしない。だからといって自らに起きた出来事をされるがまま甘受するような人物でもない。自分を襲った犯人を突きとめようとし、直面した問題を解決しようと能動的に動ける人物だ。

だけど彼女は、この問題のせいで人生を棒に振ったりはしないし、見方によっては問題を放置しているかのようにも見える。

「焦る必要はないわ。どうなるのか静観しようじゃないの」と。

この映画は、問題が解決されていく様子が実に印象的だ。主人公の必死の努力と執念で問題を解決していく一般的なサスペンス映画とは一線を画し、出来事が自然と解決していくように見える。

主人公のほんの少しのアクションがきっかけとなったり、あるいは何もせずとも、さまざまな問題が生きて動き出すように解決していく。主人公が意図していない方向に事態が流れて解決したりもする。

でも、こんな解決の仕方が荒唐無稽《こうとうむけい》だとか、非現実的だとは思わない。むしろこの状況こそが、より現実に近いのではないか。

世の中は、そして人生は、決して一筋縄ではいかない。

すべてが自分ひとりで解決できるレベルの問題ではないからだ。

ミシェルはこの事実を知っていたのだろうか？　彼女のクールな態度はこんなところから現れてくるのだろうか？

たまに人生に質問したくなる。

なぜ、こんなに次々と問題を投げかけるのかと。解いても解いても終わりがなく、答えもない。

この年になって、人生が一つのジョークのようにも思えてきた。「正解のないなぞなぞ」というジョークだ。

ジョークを投げかけられたなら、ジョークで応酬したらいい。

深刻になりすぎる必要はない。

毎度毎度、真摯に向き合わなくてもいい。

答えを探す必要はもっとない。

ジョークを受け入れられず深刻に答えるような、ダサい生き方はしたくない。

いまだに将来に不安を抱える庶民暮らしだが、昔みたいに悲観的な反応はしなくなった。

人生は「答え」じゃなくて「リアクション」が重要な試験なのだから。

僕のリアクション、いい感じかな？

第2章

一度
くらいは
思いのままに

今にも電池切れしそうな僕らに必要なのは、
「もっと」じゃなくて「ほどほど」の気持ち。

心配も、ほどほど。
努力も、ほどほど。
後悔だって、ほどほどがちょうどいい。

※年を取ってから遊ぶだなんて！

大人とは、遊ぶことを嫌う生き物だ。むしろ罪悪視すらしている。その昔、大人たちは『アリとキリギリス』の物語を持ち出しては幼い僕を脅迫した。

「ほらね？　働かないことは悪いことだよ」

僕は恐ろしくなった。これほどまでに恐ろしい物語を聞いたことがなかった。好きなことだけして楽しく暮らした結果が、キリギリスみたいな物乞い暮らしだなんて。いつのまにか、遊ぶことは僕の潜在意識に罪として存在するようになった。

時が流れ、僕は働きアリとなった。毎日必死で食べ物（お金）を集めるのだが、だからといって家一軒買うことはおろか、その日暮らしがやっとだった。それでも物乞いせずにすんでいるのだから、自分はラッキーだと思っていた。アリ暮らし、万歳！

さて、あらためて『アリとキリギリス』の物語を見てみよう。毎日歌ってばかりいたキリギリスは、ついに自分が歌手になれないことを悟る（そんなうまくいくわけないさ）。

キリギリスは歌をあきらめて、自分の曲を新人アイドルに提供。なんとそれが大ヒットする（おや？　この展開はどういうことだ？）。

やがてキリギリスは売れっ子作曲家になった。「勇敢なキリギリス」という名でヒット曲を次々と世に送り出し、印税だけで一生遊んで暮らせるほどに。

先日は両親に豪邸をプレゼントしたなんていうインタビュー記事が世間をにぎわせた（アイツ、孝行息子だったんだな……）。

同僚の働きアリたちと酒を飲めば、近頃はいつもこんな話題で持ち切りだ。

「作曲を習っておくんだったなぁ……」

※ 遊びたければ、遊べばいい

子どもの頃は、大人たちが遊ばせてくれないから遊ばなかった。

しかし、成長するにつれ、自分にも選択する権利があることを知った。どうやら、遊びたければ遊べるのが大人の権利のようだ。

なのに、いざ大人になってみると、どういうわけか思っていたほど遊べない気がした。誰かに禁止されたわけでもないのに、なぜか思い切り遊べなかった。大人になった僕が、僕自身を遊ばせないのだ。大人って、遊ぶことが嫌いな生き物なのだろうか。

いや、違う！　本当は大人たちだって遊びたいのだ。心の底から。同僚も先輩も課長も部長も、社長だって遊びたい。なのに遊べない。

なぜか？　それは、お金を稼がなくてはいけないからだ。扶養家族があるからとか、老後の準備のためだとか、遊べない理由は枚挙にいとまがない。

一方で、遊ぶべき理由はどこにもない。

そうだ、大人たちは適当な大義名分がないと、やりたくてもやらないのだ。いや、できないのだ。

大人ってやつは、実に正直じゃない。

かくいう僕も同じだった。本当は遊びたかったけど、遊ぶ根拠を探し出せず、ひたすら働きアリでい続けた。たまに根拠を思いついても、それは「働かなくても大丈夫なくらいのお金があったら」の話だった。

それだけのお金を稼いだら思いっきり遊ぼう――。だから脇目もふらず働き続け、まじめに貯金した。

そうして時が流れて気づいた。ちりは積もってもちりだってことに……。

結局僕は、遊んでは暮らせないようだ。老人になって働けなくなったときにやっと遊べるのかもしれない。公園のベンチに腰掛けて鳩にエサなんかあげながら……。

ああ、つまんない！

老人になってから遊ぶだなんて、たかが知れている。

大人は、もう少し欲望に正直になる必要がある。
遊びたいなら遊べばいい。大義名分はそれから作ればいいのだ。

僕がたどり着いた大義名分は、「自分探しの時間がほしい」だった。大義名分としては十分だ。これなら人前に出しても説得力がある。誰だって一度くらい、自分の進む道について悩むものだろう？

しかし、この「自分探しの時間」は、単に「遊びたい」という気持ちの言い訳にすぎない。とにかく、ただ遊びたかっただけだ。まったく救いようのないダメ大人だ。

郵便はがき

料金受取人払郵便

渋谷局承認

2087

差出有効期間
2025年12月
31日まで
※切手を貼らずに
お出しください

150-8790

130

〈受取人〉
東京都渋谷区
神宮前 6-12-17
株式会社ダイヤモンド社
「愛読者クラブ」行

本書をご購入くださり、誠にありがとうございます。
今後の企画の参考とさせていただきますので、表裏面の項目について選択・ご記入いただければ幸いです。

ご感想等はウェブでも受付中です（抽選で書籍プレゼントあり）▶

年齢	（　　　）歳	性別	男性 ／ 女性 ／ その他
お住まいの地域	（　　　）都道府県 （　　　）市区町村		
職業	会社員　経営者　公務員　教員・研究者　学生　主婦 自営業　無職　その他（　　　）		
業種	製造　インフラ関連　金融・保険　不動産・ゼネコン　商社・卸売 小売・外食・サービス　運輸　情報通信　マスコミ　教育 医療・福祉　公務　その他（　　　）		

DIAMOND 愛読者クラブ　メルマガ無料登録はこちら▶

書籍をもっと楽しむための情報をいち早くお届けします。ぜひご登録ください！

- 「読みたい本」と出合える厳選記事のご紹介
- 「学びを体験するイベント」のご案内・割引情報
- 会員限定「特典・プレゼント」のお知らせ

①本書をお買い上げいただいた理由は？

（新聞や雑誌で知って・タイトルにひかれて・著者や内容に興味がある　など）

②本書についての感想、ご意見などをお聞かせください

（よかったところ、悪かったところ・タイトル・著者・カバーデザイン・価格　など）

③本書のなかで一番よかったところ、心に残ったひと言など

④最近読んで、よかった本・雑誌・記事・HPなどを教えてください

⑤「こんな本があったら絶対に買う」というものがありましたら（解決したい悩みや、解消したい問題など）

⑥あなたのご意見・ご感想を、広告などの書籍のPRに使用してもよろしいですか？

1　可　　　　2　不可

※ご協力ありがとうございました。

【あやうく一生懸命生きるところだった】108659●3350

僕も君も大人じゃないか。
これ以上の大義名分があるのか？

ところで、ここで重要なことがある。退職の真相は、母親にだけは絶対にバレてはならない。退職の理由が遊びたいからだなんて母は知らないのだから。息子の会社の景気が芳しくないところに、もう一つのイラストの仕事が忙しくなったから退社した、くらいに思っている。真実がバレたら往復ビンタの無限ループどころの騒ぎじゃないぞ。

「アンタいつまで子どものつもりなの？　さっさと転職先探しなさい！」と。

こうして僕は働きアリからキリギリスになった。毎日毎日、歌を歌って暮らした。

実は、ずっとキリギリスになりたかった。ビビッてアリでいただけ。

今や怖いものなしだ。いや、少しは怖い。だけどキリギリス暮らし、最高！

凍《い》てつく冬が来たらどうするのかって？

そのときになったら作曲でもやってみようかな。またはエッセイでも書いてみるか。タイトルは『あやうくアリみたいに生きるところだった』がいいだろう。ひょっとすると、ベストセラーになって、左団扇《うちわ》で暮らせるかも。

ハハ、僕が本を出す？　ありえない。ただ遊んで暮らしたいだけの分際です。

さて、キリギリスらしくビールでも飲もうっと。

自由を売ったお金で自由を買っている

辞めてしまった会社は、比較的自由な社風だった。繁忙期でないときは、オフィスにさえいれば、何をしていても問題なかったくらいだ。

恐ろしいほど暇なときに何をしていたかといえば、たいてい意味もなくパソコンの前で時間をつぶしていた。映画を見たり、ネットショッピングをしたり……インターネットで楽しめる娯楽をすべてやり尽くしても時間があり余っていた。

せめて自由に外出できたらよかったが、勤務時間は会社のものだ。まるで、机の前に座り続ける拷問《ごうもん》でも受けているかのような気分だった。

それでもひと月たてば、きちんと給料が振り込まれた。

でも、そのお金は自由と引き換えに得たものだ。仕事の量や質にかかわらず、ひと月の間、会社にいたから、いつもと同じ金額が入金されたのだ。

会社員は、自分の時間と引き換えにお金をもらっている。

会社で暇をつぶし、給料までもらっておきながら何様だと言われそうだが、この事実には、とうてい納得がいかなかった。

しかも、もどかしくてたまらなかったと言うわりには、給料をあきらめきれずデスクに縛り付けられていた。本当に縛られていたわけでもないのに、自らすすんで拘束されている事実がもっともどかしかった。ああ、哀愁のサラリーマン。

フリーランスとなった今では、自由に使える時間がたっぷりある。

ところが、自由な時間を過ごすにはコストがかかる。僕が自由を売って集めたお金が、今、再び自由を買うためにごっそり使われている。なんて皮肉なのだろう。

でも、サラリーマンが自由を売って稼いだお金を必死に蓄える理由も、将来、自由に暮らすためじゃないか。

汗水たらして苦労して集めたお金で、結局また自由を買うのだ。

ならば、今の僕の状況もたいして変わらないかも。人生は、大きな矛盾を抱えているようにも感じる。

※自由を取るか、お金を取るか

とにかく、給料とはお別れした。

たまに彼女（給料）と一緒に過ごした思い出がよみがえり、ふと笑みを浮かべたりもする。彼女への恋しさがつのり、胸が痛くてたまらず、彼女がくれた安らぎに枕を濡らすこともある。

でも、アイツはあまりにも僕を束縛しすぎた。

縁の切れた相手を思い返してどうする。今は「自由」という名の新しい恋人がいるではないか。たまに不安にさせられるが、コイツは束縛しないところが良い。

恋愛にはデート代がつきものだが、元カノとの恋愛では自由という対価を差し出し、今カノとの恋愛ではお金を差し出している。それぞれに長所短所があるため、この恋愛に優劣はつけられない。

だが、いずれの状況に置かれていても、変わらない真理がある。

現在の恋人に向き合い、相手への気配りを忘れないこと。

つまり、今の僕は「自由」をよりいっそう愛さなければならない。

まあ、自由な時間を享受しながらお金も入り続ければいいが、それは欲張りだ。

運のいい誰かは両方を得ているだろうが、僕のような資産のないプロレタリア階級が選べるのはどちらか一方だろう。


給料はあきらめ、同等のお金を使いながら僕は毎月自由を買っている。

自分のお金で買う自由だからこそ、堂々と楽しまないとムダ遣いになる。

通帳の残高ばかり気にしていないで遊ぶんだ！　心配するな！

不安で不安でたまらなくなったら、お金を稼げばいい。

でも、「いいかげんお金を稼がないと」という気持ちがいまだにみじんも湧かないところをみると、まだ持ちこたえられそうな気がする。

だから今は、心から自由を謳歌《おうか》しようと思う。

自由に費やしたお金がムダにならないように。

給料よ、お前に未練たらたらだ。
フリーランスは今日も泣く

「何もしない」とは、究極の贅沢

会社員時代は、帰宅してからようやく自分の時間が始まると感じていた。会社にいる間は、自分の時間だなんてとうてい思えなかったから。

会社にいる間はなかなか進まない時間が、帰宅したとたんにあっというまに過ぎ去った。貴重な3、4時間をぼんやりして過ごすと、気づけばもう就寝時間だ。

だからこそ、何かしたくてたまらなかった。それがせいぜい、ダウンロードしておいた映画を見たり、ネットショッピングで要りもしないモノを買ったりすることだったとしても。

それすらせずに寝るなんて、自分の時間をムダにしたようで悔しいじゃないか。そんな時間すらない1日は、自分のためじゃない。会社のための1日で終わってしまう。

「ああ、もうこんな時間。まだ寝たくないけど、明日がつらくなるから寝なくちゃ」

こんな調子で、満たされない気持ちを胸に眠りにつく。

自分の時間が足りない、やりたいことがたくさんあるのに時間がない……。

会社を辞めた今は、自分の時間が腐るほどある。やりたいことを全部やっても時間をもてあますほどだ。

さあ、どれからやろうか？

これまでできなかったことを思いっきりやってやるぞ！

……おや？　おかしいな。あれほどやりたいことだらけだったはずなのに、いざあり余るほどの自由時間を前にしてみると、やりたいことが見つからない。

一体どういうことだ？

何でもできる自由、何もしない自由

「何でもできる自由、何もしない自由」という、韓国の某リゾート地の有名な広告キャッチコピーがある。この広告を初めて目にしたときのことが忘れられない。

大学生だった当時、町でこの広告を見た瞬間、このリゾート地に行きたいという強い衝動に駆られた。

うひゃあ、行ってみたい。だけどそんな時間もなければカネもない。貧乏学生ごときじゃとてもムリだなあ……。

こうしてリゾートへの憧れを、そっと胸の奥にしまい込んだ。

ところで、たいして旅好きでもないのに、なぜあのリゾート地に行きたくなったのだろう？　冷静に考えてみると、僕を焚《た》きつけたのは「何もしない自由」というコピーのほうだった。

決して、リゾート地に行きたかったわけではなく、義務的にたくさんのことに追われる毎日から、ただ抜け出したかっただけだったようだ。リゾート地でほんの数日過ごしたところで何も解決しやしないのだが、そうとも気づかずリゾート地に行きたいと勘違いしていたのだ。

考えてみれば会社員時代もそうだったのかもしれない。

自分の時間をほしがっていた理由は、何かをしたいからではなく、何もしたくなかったからではないか。

ひょっとして僕らは、本当の自分の望みを知らないまま、どうでもいいモノやコトでこの渇いた気分を満たしているのかもしれない。

※「何もしない時間」にも大きな意味がある

日がな一日ソファーにもたれてぼーっとしていると、いつのまにかあたりが薄暗くなっている。「時は金なり」と、以前ならあくせく過ごした時間を、今は本当に何もしないまま過ごしている。これ以上ない人生のムダ遣いだ。なんて贅沢なのだろう。誰に邪魔されることもない。やらなければならないこともない。

こんなに何もせずに過ごすなんてどれくらいぶりだろうか。ぼんやり過ごしてみると、なんだか満ち足りた気分になる。24時間まるごと自分のために使ったような気分。ムダどころか充実感がハンパない。

時間は、何かをしてこそ意味があるわけではない。
時には、何もしない時間にこそ大きな意味がある。

今、本当に必要な時間はそんな時間だったようだ。

もちろん、永遠に何もしないわけにはいかないし、一生何もしない人生は望んでいない。ただ、今はこうしていたい。もう少し満たされるまで。

僕は、いつのまにか充電切れを起こしていたようだ。今は、絶え間なく稼働して使い果たしたエネルギーを、何もしないことでチャージしているのかもしれない。

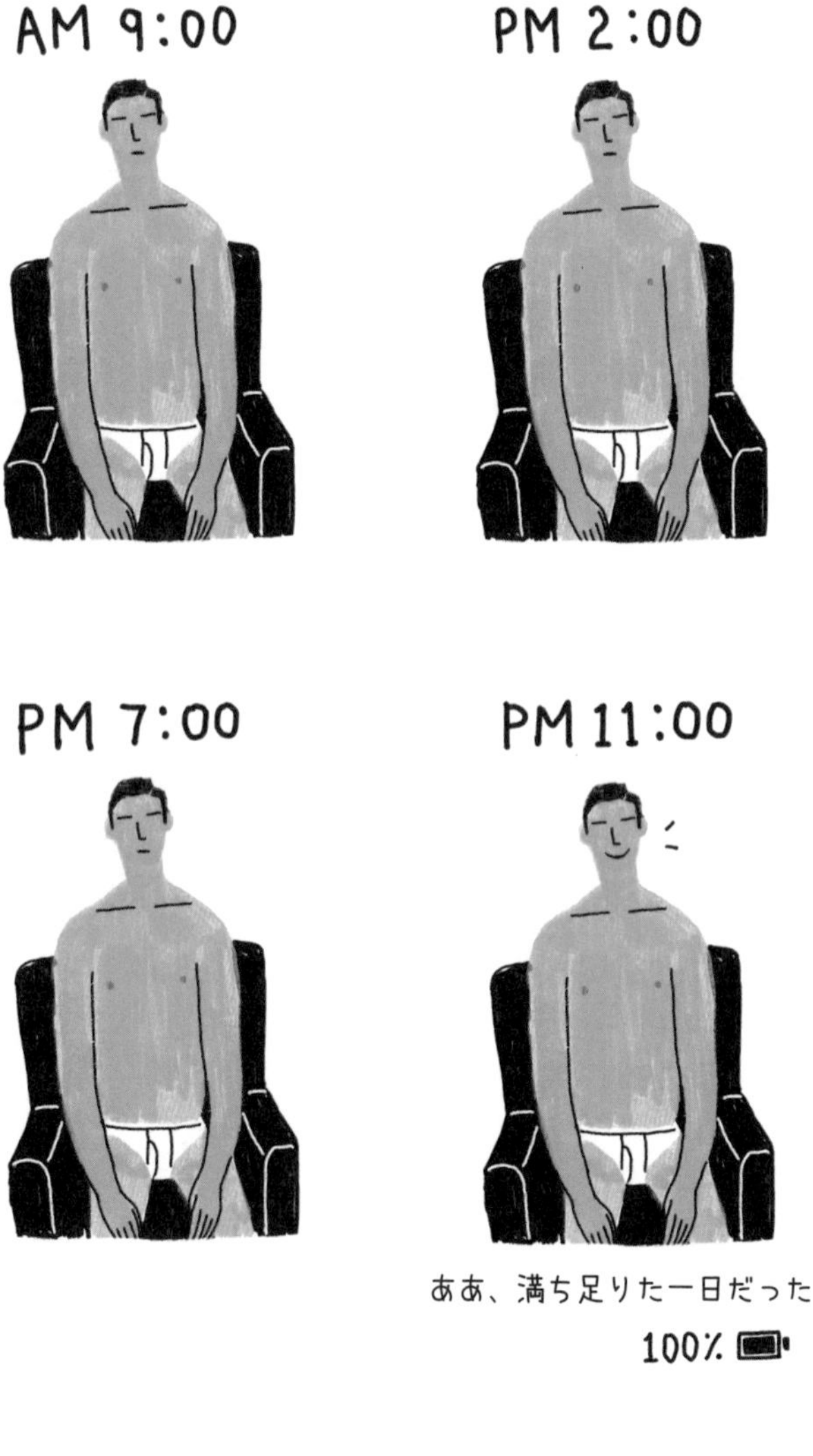
AM 9:00
PM 2:00
PM 7:00
PM 11:00
ああ、満ち足りた一日だった
100%

人間関係の疲れを「ひとりの時間」で癒やす

8歳※、それは生まれて初めての社会生活の始まりだった。人間関係の苦労を最初に感じた年だ。

小学校に上がるまで団体生活の経験がなかった僕にとって、その苦労は並たいていのものではなかった。家庭の経済事情により幼稚園をスキップしたから、小学校に上がる前の記憶は数あれど、いずれもひとりで遊んだ記憶ばかりだ。

それでいて突然、団体生活を送ることになったのだから、友達の作り方から遊び方まで、すべてが難題だった。もちろん学年が上がるにつれて少しは慣れたものの、人間関係に関しては不器用なままだった。

「これはやりたくないけど、一緒にやらなきゃダメなんだろうな」

「僕とペアになってくれる友達がいなかったらどうしよう」

※韓国では数え年で年齢を数えるため、ここでの8歳は日本の6〜7歳に当たる

「弁当のおかずを見て、うちが貧乏だってバカにされたらどうしよう」

小さな心配の連続で、穏やかでいられる日なんてなかった。


そんな生活で誰にも気兼ねせずにすんだのが、登下校の時間だった。

家から学校までは、子どもの足で30分くらいの距離。公共交通機関がなかったから、歩いて通っていた。古いお墓が点在する低い裏山を一つ越え、牛糞《ふん》のにおいが漂う農家を過ぎ（これはソウルの話である）、怖い兄ちゃんたちが通う高校のグラウンドを横切るという大遠征だった。

近所の子どもたちと一緒に下校したくなくて、時には彼らをまいたり、あれこれ言い訳したりしてひとりで下校した。その30分が自分ひとりでいられる唯一の時間だったから。

いろいろと空想しながら歩くと、あっというまに家に着いていた。家がもっと遠ければいいのにと思ったこともあるくらい、その時間が好きだった。

当時、僕の家は穏やかではなく、仲むつまじい家庭とは程遠かった。いつでも酒に酔った父親がいて、いつ爆発するかわからない暴力がうずまく場所だった。そんなこともあり、学校でも家でも気の休まるところがなかったのだ。

そんな人間関係のいざこざに疲れ、ひとりの時間と空間を渇望していたが、ひと間に5人暮らしの我が家では、自分の空間なんて夢のまた夢。どこへ行っても、人、人、人。いつも誰かと一緒にならざるをえない環境だったからこそ、登下校の30分だけが唯一の癒やしで、休息時間だった。

しかし、人間関係は小学校を卒業してからも続く。

中学、高校、大学、社会人生活……「人付き合いにも少しは慣れたかな?」と思った頃に、決まって人付き合いで苦労した。いつしか心の中には、ある文句が刻まれていた。


人を苦しめるのは、いつでも人だ。

※「ひとりの時間」は治癒の時間

ひとりで食事をして
ひとりで酒を飲み
ひとりで映画を見て
ひとりで旅に出る……

「いつでも誰かと一緒」が常識だった韓国でも、近頃では「ひとり」が流行している。ひとり暮らし世帯の増加と個人主義時代の到来によって生じた現象だというが、僕はこれを聞いたときになぜか小学生の頃の通学路を思い出した。

この現象は、人間関係に疲れた人やひとりでいるほうが気楽な人が増えたせいではないか？　誰かと一緒が当然だった行動まで、ひとりでやりたくなるくらいに。

「今日、何食べる？」

事実、この単純な質問ですら、僕らはたくさんのことを考える。

（今日はコレが食べたいけど、みんなは嫌がるかな？）
（フン、どうせお前が食べたいものを食べさせるくせに。めんどくせえやつ）
（どうか、高い店を選ばないでくれ……）

誰かと一緒に何かをするのは、なまやさしいことではない。

自分の意見を曲げて相手の好みや考えに合わせたり、相手の気配りのなさにムカついたり、あるいは自分のフトコロを気にしたりしなければいけない。あれこれ疲れる。

特に、その相手が自分よりも力がある場合は、より深刻となる。

僕の友人は、職場の社長が鱈《たら》チゲにハマり、苦手な鱈チゲランチに連日付き合わされたという。その前は中華料理ブームだったようで、1年間毎日、チャンポン、チャジャン麺、チャーハンのヘビーローテーションに苦労したらしい。つくづく、社長運のないやつだ。

気を遣って相手に合わせて、我慢して、あげくつらい思いまで被り、比較され……そんな人間関係はもうコリゴリだ。自分の権利が奪われているような、自分がいなくなったような気さえする。

だからといって人間関係を断ち切ることはできないから、食事くらいは気楽にとりたい。だから、ひとりを選ぶ人が増えているのではないか。


そもそも、「ひとりでいたい」なんていう気持ちは、結局誰かとつながっているから生まれる。無人島にひとりでいるなら、ひとりでいたいなんて思わないだろう。

ひとりの時間を望むのは、それだけ人間関係に疲れている証拠だ。

だから、ひとりの時間は必要だ。

ひとりの時間は治癒の時間なのだ。

人間関係で疲れた体と心を休ませてあげる時間。だからひとりで食事をしたり酒を飲んだり、ひとりでできることを楽しんだらいい。


ただし、そうやってひとりの時間を楽しんだ後は、必ず戻らなければならない。

疲れてイライラする人たちの群れの中に。その事実だけを忘れなければいい。

帰ってくる家がないなら、旅行は旅行になるだろうか？

本当に独りぼっちなら、さみしさを楽しむことができるだろうか？

ひとりの時間は、帰り道が約束された旅行でもあるのだ。

本当のひとりきりではないことを確認でき、感謝できる時間でもある。

そんなひとりの時間を楽しめる人になりたい。ひとりが耐えられず、何でも誰かと一緒じゃないとできない人ではなく、ひとりでできることの多い人に。

そんな人たちが、他人とほど良い関係を築けると考えている。

人の群れからしばし離れることができる人。

ひとりの寂しさを理解していながらも、怖がらない人。

ひとりが楽だけど、結局はひとりでは生きられないことを知っている人。

孤独を十分に楽しんだ後、再び人の群れに戻り、喜んで一緒にいられる人——。

そんな人になりたい。

さあ、十分に孤独を楽しんだなら、そろそろ帰る時間だ。

“自分だけの人生”は失敗の上に成り立つ

「まずは当たって砕けろだ。失敗したときは後悔すればよし」

――ドラマ『孤独のグルメ』より

食事する店を選ぶのにここまで思い詰めるなんて、思わずクスリとしてしまう。食べることを至上の喜びとする『孤独のグルメ』の主人公・井之頭五郎は、仕事柄、さまざまな土地に赴《おもむ》いては自分を満足させてくれる食堂を感覚だけで探し出す。とりあえずスマートフォンで検索する僕らとは、まったく違うアプローチだ。だからこそ五郎の食堂探訪にひかれる。評価が高く、失敗の少なそうな店を選ぶのではなく、個人の好みや瞬間のときめきに従うのがこのドラマ（漫画）の魅力だ。

失敗してもかまわないと腹をくくり、自身の感覚と眼識、嗜好を信じる――。たかが食堂一つを選ぶのにだって、とてつもない勇気が必要なのだ。

「今日は隣町に行くから、うまい店を検索しておかなくちゃ」
「この映画、面白いのかなあ。映画評はどんな感じかな？」
「このレストラン、いい感じだけどネットにレビューがないな。だったら評価の高いこっちにしよう」

検索すればたくさんのレビューに触れられる世の中だ。確かに便利だし、失敗もうんと少なくなった。

しかし、失敗が減った分だけ、楽しみも減ったような気がする。
自分が選ぶ楽しさ、未知のことが教えてくれる楽しさのことだ。

タイトルとポスターに一目惚れして、勢いだけで映画館で鑑賞した映画の数々。

初めての町をぶらぶら歩き、地味ながらも端正な看板にひかれて入った立ち飲み屋。

内容もわからないまま、装丁が気に入って手にした見知らぬ作家の本。

結果的に最高の選択ではなかったとしても、そうやって選んだものはひときわ記憶に残り、ほっこりさせてくれる。

そこには無謀かつ危険なものへの憧れと、自分の選択を信じて失敗もいとわない勇気があった。失敗する確率も高いが、成功したときの達成感は大きい。誰に頼ったものでもない、完全に自分の感覚で選んだものだからだ。

みんなが良いというものが、はたして自分にとっても良いものなのだろうか？

確かに失敗する確率は低い。少なくとも中の上くらいではあるだろう。

しかし、自分にしっくりくるかというと難しい。

それどころか最近は、他人のおすすめで選んだ結果、自分の好みが世間とかけ離れている事実を知り、人の好みは十人十色なんだなあと悟ることも少なくない。

※“孤独の失敗家”の道を歩もう

それでも僕らは検索する。失敗したくないから。

自分にピッタリのものを探し、無鉄砲にチャレンジするよりも、失敗しないと検証された“中間以上”を選ぶ。そうしてだんだん自分の感性が退化して、いつしか自分の選択を信じられなくなっていく。

自分がどう感じたかよりも他人がどう感じたかが重要になり、選択権を他人にゆだねてしまう現代の僕ら。たった食堂１軒、映画の１本さえ、失敗を恐れ、勇気を出せないでいる。

安全だと誘惑する他人の声に背を向け、自分の声だけに耳をすませた選択は、いわば〝**孤独の失敗家**〟の道だ。

失敗する可能性もあるが、少なくとも誰かの言いなりとなる他人の人生は歩まずにすむ。大多数が一方向にどっと群がるとき、勇気を出して別の道を選べる人だけが自分の人生を生きられるのだ。

失敗してもいい。失敗したときは後悔すればいいだけだ。

きっと、他人の言葉を信じて群れを成した人々も、後悔するのは同じだから。

違うかな？

失敗を恐れずに、〝孤独の失敗家〟になろう。

特別なことじゃなくていい。五郎のように食堂を探すことから始めてみたらどうだろうか？

〝自分だけの人生〟は、多くの失敗の上に出来上がるのだから。

失敗したらどうする？

そう、簡単です！

たまには年齢を忘れてみる

自分も年を取ったものだと、ふと感じる瞬間がある。最近では、〝ソン・シギョン※事件〟が記憶に新しい。

それは、帰宅途中のバスでの出来事だった。窓の外を流れゆくネオンが美しく、運転士がチューニングしたラジオからはソン・シギョンの歌が流れていた。雰囲気に酔ってしまったのか、何の気なしに僕は「いい声だなあ」なんて思ってしまった。

……ああ、来るところまで来てしまった。男の僕がソン・シギョンの歌声を甘美だと感じるなんて、どうかしてるぜ。

これまでもソン・シギョンの歌はずいぶん耳にしてきたが、ただの一度も胸に響いたことなんてなかった。男性も年を取ると女性ホルモンの割合が高まるというから、ホルモンがそうさせたに違いない。その夜、僕は女性ホルモンに打ち勝とうと

※2000年にデビューした韓国の男性バラード歌手。日本でも活動中

アクション映画を見た。

最近では、自分が若くないことを、相手の反応を通して感じることも少なくない。たとえば、イラストのオファーが入り、出版社の編集者と打ち合わせをすると、決まってこんな質問が飛んでくる。

「あの〜、失礼ですが、年はおいくつですか？」

年齢を尋ねられても別に失礼だとは思わないし、むしろ確認するほうが自然だとは思いながらも、一瞬返事につまる。忘れていた自分の年齢を思い出そうとしてだ。

……えっ、もうそんな年齢だっけ？ 恥ずかしい、教えたくないぞ……。

恥ずかしい二ケタの数字を勇気を出して口にすると、決まってこんな言葉が返ってくる。

「ええ!? 全然そんなふうに見えませんよ！ 童顔ですね」

ああ、なんという慰めだ。出版社の編集者たちは概して気を配ってくれる。

気遣いはありがたいが、実際に童顔かどうかはどうでもいい。重要なのは、自分が〝そんなふうに見えない〟の〝そんなふう〟の年齢であるというほうだ。その事実に変わりはないのである。

たくさん年を食ってすみません

ところで、どうして自分の年齢を恥ずかしく思うのだろう？誰でも年老いていくのだから、何も恥じることはない。それを知りつつ、なぜそんな気持ちになるのか。

おそらく、その気持ちの根底には**「いい年して恥ずかしい」**という感情がある。いい年して、特筆するキャリアもなければ資産もない。若いときと同じ失敗を繰り返しては後悔しながらふわふわしている中年……。そんな自分を再確認するたび、恥ずかしくて堂々と年齢を答えることができないのだ。

人には人それぞれの速度がある、とあちこちで訴えてきたが、その自分が率先して〝いい年して〟という考えにとらわれていたなんて……気づかないうちに焦りを感じていたようだ。

でも、年を重ねるごとに得体の知れない何かに追われているような気がするのは、自分だけなのだろうか？

※「年相応」に打ち勝つ裏ワザ

そこで、年齢による焦りを少しでも減らそうと、自分の公称年齢をさば読むことにした。いや、さばを読むだけじゃなく、実際に若いと思い込むのだ。

冷静に実年齢で考えれば、「いい年してこんな駄文を書いてないで、1ウォンでも多く稼げよ。まだ青春時代のつもりかバカ」という思いが頭から離れなくなるからだ。大人たちが「自分があと10歳若かったら」なんて言葉を口にするのも、すべてそんな理由だ。

挑戦したいことがあるのに年齢を理由にあきらめるなんて、どんなに悲しいか。

さて。となると、まずは何歳でいくか、コンセプトを定めなくては。

一体何歳ぐらいなら、興味優先でやりたいことにチャレンジしても許されるだろうか？

気持ち的には20代といきたいが、それではあまりにも厚かましすぎる。

そうだ、32歳がいいんじゃないかな？　ああ、本当に32歳に戻れたなら、何だってやれそうな気がする。どうしてリアル32歳のときにそれに気づけなかったんだろう？

やれやれ……。

ともかく年齢は決まった。大学を卒業後、社会人生活を数年経たのち、面白い仕事をするために、儲けを度外視して新しいことに挑戦する32歳の男。それが僕のコンセプトだ。

誰かをダマすためではなく、自分自身をダマすためだ。みんなも認めてくれるなら、もっとなりきれそうだから、よろしくな。

そんなコンセプトを設定してみたところ、心がグッと軽くなった。

そうだ、僕はまだ若くて時間もたっぷりある。やっと32歳になったところだ。失敗しても大丈夫。

そうやって、勇気を出してこのエッセイに取り掛かった。

「エッセイを書くだけなのに、どれだけ勇気が必要なんだよ！」と言われそうだが、僕の年になれば、こんなことにだってものすごく勇気が必要なのだ。

やるべき理由は一つなのに、やってはいけない理由がこれほどまでに頭の中を埋め尽くすから。

僕らの魂は、老いていく肉体に閉じ込められている。

魂がいくら自由だとしても、老いからは完全に自由になれない。

だから、たまには年を忘れてみればいい。特に、やりたいことがあるときにこそ。

とはいえ、年を取ると良いこともある。

たとえば、プレイリストのアーティストが一つ増えるとか。誰の曲だとは言わないが……。

ソン・シギョンさん、いつの日かぜひ酒を酌《く》み交わしましょう。あなたの声に酔いしれたいです。

「ムダ足」こそ、人生の醍醐味だ

「週末の彼女とのデートでは何してるの？」

ん？　どうしてそれが気になるのだろう？　相手はどうやら何か特別な答えを期待しているような目つきだが、困ったな。

「ゴハンを食べて、コーヒー飲んで、おしゃべりして。それだけだよ」

相手が望む答えではないと知りながら、特にほかに言うこともなかった。

でも、みんな似たようなものではないだろうか？　たまには、特別なイベントごとや遠出もあるが、だいたいはさっき言ったように普通に過ごしている。

特別なデートの計画なんて必要なのか？

愛する人が隣にいるだけで十分じゃないのか？（笑）

デートコースを練ってこない彼氏がムカつく、という話をどこかで聞いたことがある。「ここで食事をし、あそこに行って、そのあとはこっちに立ち寄って、最後はあの有名レストランでディナーを楽しむ」なんてのが完璧なデートコースだとか。

まるで式順が決められた行事のようだ。これが綿密で充実したデートかはわからないが、たとえ男がこんなデートコースを練り上げてきても、やはり女性は腹を立てるような気がする。

「こんなド定番のデートコースしか準備できないの？　もっと特別なことを探して！　やり直し！」

コースの審判員であり最終決定権を持つ者。僕の彼女がこんな子じゃなくて本当に助かった。そんな恋愛は、ずいぶん昔に卒業した。

彼女とのデートはたいていノープランだ。とりあえず家を出て、その日の気分でどこに行くかを決める。彼女が行きたいカフェやレストランがあれば自ずとそちらへ向かう。

目当ての町に到着したら、まずどこかの店に入る。食事をしたり、お腹が空いていなければコーヒーを飲んだりする。移動するだけで疲れるお年頃のため、まずは休憩して体を休めなければならない。

店では何かを食べながらおしゃべりする。その店の雰囲気が独特だとか、こんなに副菜が美味しいのだからメイン料理も美味しいはず、とかなんとか。主に取るに足らない話だ。

小腹を満たし、疲れも取れたところで席を立ち、町を散歩する。散歩というより徘徊に近い。目的もなく、やりたいこともなく、ただただ当てもなくあちこち歩きまわる。

面白そうな店があれば入ってみたり、独特な雰囲気の場所を見つけると立ち止まってあれこれ話をしたりする。昔、住んでいた町もこんな雰囲気だったとか、この建物はきれいに塗り直せばもっと素敵なんじゃないかとか。まあ、やはり取るに足らない話だ。

天気がいい日は、一段と散歩が楽しい。外にいるだけでも気分がアガる。こんな日には歩かずにいられない。

「あっちに行ってみよう」

しょっちゅう散策をしていると、どこを歩けばいいかが感覚でわかってくる。

そう、裏通りだ。大通りよりも人けの少ない裏通りの路地に面白いものが多い。

もちろん、でたらめに路地を歩くから、行き止まりで引き返す羽目になったり、話に夢中になって隣町まで歩いてしまうこともある。

だが、焦る必要はない。

どのみち決まった目的地なんてないのだから。

隣町の雰囲気はまた少し違っていて面白い。まれに、雰囲気の良い居酒屋に出合う幸運に恵まれることもある。

こんなところにこんな店が？　ちょうど足も疲れてきたところだし、とにもかくにも入ってみる。

店の雰囲気も、美味しいつまみも気に入ったところでスマホで調べると、すでに有名な人気店だったりする。「こんな人気店を嗅ぎつけるなんてスゴくない⁉」と、自分たちの嗅覚をひとしきり自画自賛する。

もう一杯！　酒が進まずにはいられない夜だ。

どうでもいい話とどうでもいいことで、今日も一日よく遊んだ。

※人生に「ムダ足」というエッセンスを

漫画『散歩もの』〔久住昌之原作、谷口ジロー作画／扶桑社〕の主人公・上野原譲二も、見知らぬ町をぶらぶら散歩することを楽しむ人物だ。

外回りの仕事を終えて、その周辺を見て回るのが物語のお約束だ。そのうち道に迷い、どこか知らないところに出たりもするのだが、そんなときに彼はこう語る。

「やっぱ俺って散歩の天才かも」
「テレビや雑誌で見かけた場所へ出かけていくのが散歩ではない」
「理想的なのは〝のんきな迷子〟なんちゃってね」

――『散歩もの』より

本当にのんきなオッサンだ。

だが、そんな彼ののんきぶりを見守るのがこの漫画の魅力だ。読み終えると、自分もいたずらに道に迷ってみたくなる。こんなのんきさだったら、どんな町でも、どんな旅先でも楽しめそうだ。

散歩とは優雅なムダ足だ

——漫画『散歩もの』より

明確な目標と目的がある行動は、いわば〝成就〟の領域であり、〝楽しみ〟ではない。

確かに、目標物に向かって最短距離で一目散に駆け寄り、代金を支払う男性のショッピングは効率的だが、どれだけつまらないものか。

半面、女性のショッピングは本来の目標も忘れてしまうほどに、あれこれ冷やかしてまわる。もはや無の境地のレベルの楽しさがありそうだ。

偶然の楽しみでいっぱいの目的のない一歩。

これこそが人生を豊かにしてくれる醍醐味なのかもしれない。

残念な一例だが、徹底的に旅の計画を練って海外に出かけたものの、計画通りに進まずに途中で切り上げて帰国した人を知っている。

15分間隔で来るというバスが1時間待っても来ず、さらには道にも迷い、散々歩いてやっと着いたレストランはすでに潰れていたそうだ。

そんなことは旅先では日常茶飯事なのに、我慢できずに戻ってきたなんて実にもったいない。そう思うと、予期せぬ状況にも柔軟に対応できることがどれだけカッコいいか。

旅は計画を遂行するために出かけるミッションではない。計画はあくまでも計画。思い通りに進まなくとも落胆する必要はない。どんなときも計画は必要だが、計画に束縛されることは「義務」以外の何物でもない。

やはり、計画以上に大切なものは〝のんきさ〟ではないだろうか？
遊びに行くのに、のんきじゃなくてどうする。
デートも、散歩も旅行も、できれば人生も。

目的のない、優雅なムダ足を楽しもう。
楽しみとはそんなときに訪れるのかもしれない。

あなたの内面は パンツに表れる

幼い頃、貧乏に見えないようにと、母はどんなときも僕らに清潔な服を着せた。家に洗濯機すらない時代だったので、いつも手洗いだったが、そんな苦労をいとわなかった母。子どもは僕だけじゃなかったから、その苦労は筆舌に尽くしがたい。しかし残念なことに、そんな母の苦労にもかかわらず貧しさは隠しきれなかった。というより、ほぼダダ漏れだった。

僕の服は、清潔さ以前にすっかりくたびれていた。ほとんどが誰かのおさがりで、サイズさえ合えば、似合うかとか、状態がどうかに関係なく、とにかく着せられていたからだ。そんな〝ビンテージ服〟だったから、どんなにきれいに洗っても貧乏くささは隠せなかった。

しかし、もっと根本的な原因は「顔」にあったようだ。ファッションの仕上げは顔だというじゃないか。どんなに顔を洗っても、不思議とみすぼらしかった。貧困とはどうにも隠せないもののようだ。

今は、服を買うのもきれいに洗うのも自分の役割だ。

他人からどう見られるかは、すべて自分の判断で決まる。だからファッションには人一倍気を配っている。

流行は追わず、自分の好みを尊重したスタイルだ。プリントや飾りのないシンプルなデザイン。少しお金がかかっても素材の良いもので、数年たってもダサくならないベーシックなスタイル。この基準は、数多《あまた》の失敗を経た末にたどり着いたものだ。その間には、数えきれないほどの服との出会い、そして別れがあった。

ちょっとしたおしゃれ通で知られるコメディアンのホン・ロッキも、とあるインタビューでこんなことを言っている。

「ヨルダン川※を幾度となく渡っては戻ってこそ、自分に似合う服がわかる」

※ヨシュア記で、ヨシュアが神を信じて渡った川（≒清水の舞台から飛び降りる）

僕もまた、ヨルダン川を何度も渡っては戻りを繰り返した。あるときは個性を追求すると宣言し、ぶっ飛んだ服だけを着て歩いた。今考えれば〝ファッションテロリスト〟だった。写真が残っていないのが不幸中の幸いだ。今のファッションはぶっ飛んではいない。ごく平凡だ。それでも貧乏くさくは見えないと自負している。母さん、今度は成功したよ。

※ 内面向上のための一歩を踏み出そう

服を買うことと同じくらい、洗濯して管理することも重要だ。「いつでも清潔な服を着なさい」と母に教わった。まめに洗濯し、畳むことも先延ばしにしないよう、いつも自分に言い聞かせている。

しかし先日、洗濯物を畳んでいてパンツを1枚手に取ったときのことだった。そのパンツは、ずいぶんとくたびれていた。5年ほど前に数枚の下着と一緒にまとめ買いした中の1枚だ。

あれ以来、パンツは1枚も買っていない。タンスにはこれより古参のパンツもある。パンツは毎日はき替えるものだから、洗濯機とタンスを何度も往復して、くたびれるのも当然だ。

倹約家だと思われるかもしれないが、それは正しくない。5年間、下着以外の服だけはひっきりなしに購入していたからだ。

この5年間、自分の大事なところ（?）を包んでくれたありがたいパンツにこれほどまでに塩対応だったとは。いつも僕の肌にもっとも近い最前線にありながら、苦を苦とも思わないパンツたち。もう少し配慮してあげるべきだったのに、こんなになるまで放っておいたなんて……。

対して、くたびれるまで着た洋服は1枚だってない。下着はいつでも後回しだった。

理由はたった一つ。外から見えないからだ。

僕は外から見えるものだけに価値を置く人間だったようだ。

これは、単純に下着だけの問題ではない。人生全般においても、そんなふうだったのではないか。

外見だけ取り繕うために、カネと時間を注ぎ込んできた。自分がどう見られるかだけを心配して。

しかし、内面を窺《うかが》うことはしなかった。空っぽなのか、充実しているのか、何で埋め合わせたのか、これから何で満たしていくのか、一切気にしたことがなかった。
本を数冊読んだからといって内面が充実するわけではないが、それすらもったいないと思っていた。本1冊より服1枚のほうが素晴らしいのだ、と。反省しきりである。

目に見えることだけにしか気を配れない人間にはなりたくはない。
内面も素敵じゃなくちゃ。それでこそ本当にカッコいい大人なのだから。
これからは自分の内面もマメにチェックしよう。
そんな意味でもまずは下着を数枚買いに行こう。
これはショッピングではない。
内面向上のための、非常に重要な第一歩なのである。

オゲンキデスカ？

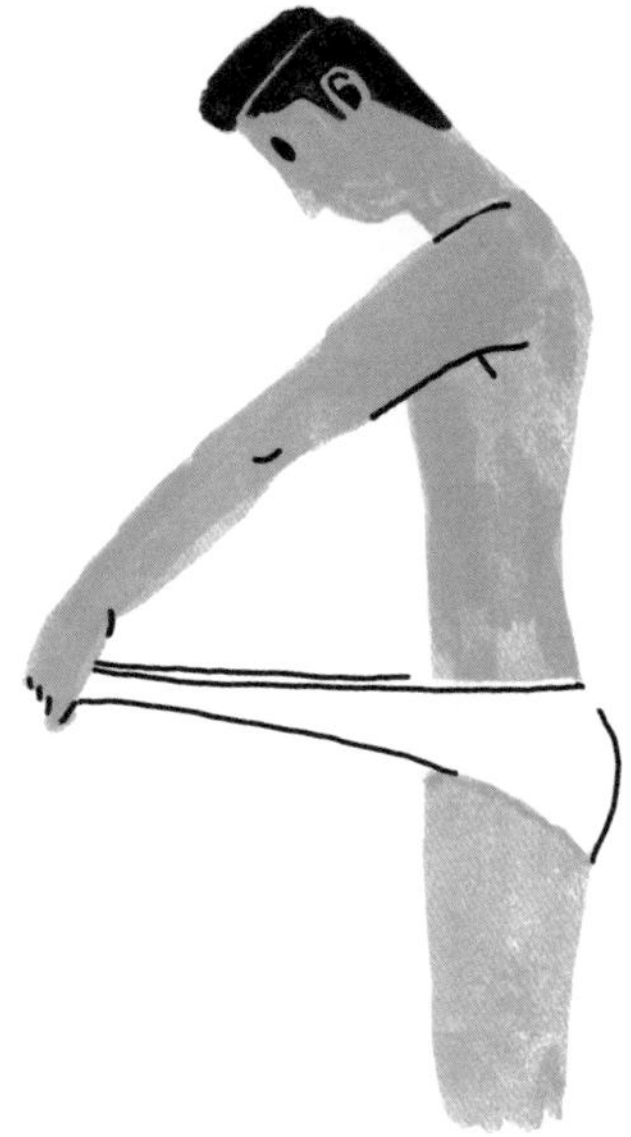

「やらかさなかった」後悔は後を引く

子どもの頃から、外で走り回るより、空想して遊ぶことが好きだった。

小さい頃は、アニメの主人公になって悪党どもをやっつける空想ばかりしていたが、少し大きくなると、それが将来についての空想に変わった。未来の自分がどんな人生を歩むのか、想像するだけでもわくわくする遊びだった。

映画監督になるのが夢だった20代前半の頃には、自分が撮る映画のストーリーを空想し始めると、時がたつのも忘れた。

空想は次から次へと芋づる式に膨らんだ。僕の映画は商業性と芸術性の両方を兼ね備え、超大ヒットする。当然、各映画賞を総なめにし、監督である僕は受賞スピーチを準備することになる。

感動的な受賞コメントを練り上げるのにさらに数時間を要したのち、お次は映画のヒロインを務めた美人女優との結婚の経緯について、ディテールまでこと細かに想像した。それはそれはロマンチックで甘いストーリーだった……。

しかし、残念なことに映画監督の夢はおろか、美人女優との結婚も成就できなかった。準備しておいた受賞スピーチも何もかもムダになってしまった。

当然だ。なぜなら、映画監督になるための努力など一切してこなかったから。甘ちゃんな夢物語を想像しているときにも、すでに気づいていた。自分のシナリオは穴だらけで、その才能についてははなはだ疑問があることに。加えて、学費を工面するために授業もまともに聞かず、バイトに明け暮れる現実。もっと言うと、収入が不安定な映画界に飛び込むだけの勇気も情熱もないということに。

夢？　そんなことより来月の生活費を工面するほうがもっと重要だった。そのときはそう考えていた。

挑戦する若さ、何者にでもなれる若さ。それが若さだと言うが、いつも想像までで、結局あれこれ言い訳して挑戦してこなかった。

何をどうすればいいかもわからなかったし、現実の重みに押し潰され、挑戦する意欲が捻出できなかったからだ。映画監督以外にもあれこれと想像を膨らませたが、すべて想像のまま若さとともに散ってしまった。
あれこれ思い描いた夢は、何も行動しなかったから何の痛みも味わうことなく過ぎ去った。なのに、なぜだか胸の奥が重苦しかった。

※ もっと下手こいていこう

何も行動しなかったから　何者にもなれてないんだ
何ひとつわかっていなかった自分
ただぼんやり過ごしていた俺たちは……

――「Bawling」PRIMARY ft. OHHYUK より

ロックシンガーのオ・ヒョク（OHHYUK）が歌う「Bawling」を聴いたとたん、僕は瞬時に20代の青春ど真ん中に引き戻された。すべてを投げ出したかのように、とつとつと吐き出すヒョゴのボーカル、まるで泣き声みたいなブラスサウンド、軽快でありながらも物悲しいドラムビート。憂鬱と無力感がうずまくこの曲は、20代の

BAWLING

頃の僕にそっくりだ。

どう生きていけばいいのかわからず、未来は不透明、おまけにいつも金欠の20代の頃は、夢だの恋だのを口にするだけでも贅沢に思えるくらいに精いっぱいの毎日だった。

将来、何にだってなれる可能性がもたらすプレッシャーと、何者にもなれないかもしれない不安が霧のように深くたちこめる日々……迷いと不安で一睡もできず朝を迎えたいくつもの夜。どれだけ酒の力に頼ったことか。

振り返ってみれば、それ以外にどうすることもできない年頃ではあったが、必要以上に悩みも多かった気がする。

もっと勇気があり、楽天的な人間だったら、悩んでいた時間にもっといろんなことにチャレンジできたのかもしれない。

だとしたら、今とは違う人間になっていたのだろうか？

今の自分が嫌いなわけではないが、少しは気になる。想像の中の別の自分が……。

自分で選択してきたあれこれについては、結果の良し悪しにかかわらず、特に後悔はしていない。

でも、いとも簡単に手放した数々の夢、「好き」のひと言が言えずに遠くから見つめることしかできなかった恋……。

もしかすると、もっとやらかすべきだったのかもしれない。

たとえ下手こいたとしても。

人生は後悔の連続だ。明日になれば今日を後悔しているかもしれない。

後悔しても後悔しなくても人生は転がる。今日もまた。

第3章

生きていくって、たいしたことじゃない

思いっきり夢見ることが

許される世の中になってほしい。

心からそう思う。

そして何よりも、

特別な夢なんかなくても幸せでいられる

世の中であってほしい。

「やりたい仕事」なんて探しても見つからない

初めて就いた仕事は、美術予備校の講師だった。大学の学費を稼ぐために始めて、卒業まで勤めた。実家には学費を出す余裕はなく、自ら稼ぐしかなかったからだ。片意地を張り、「我が人生に一片の借金なし！」と奨学金のお世話にもならなかった。幸いなことに、美術予備校の講師の報酬は悪くなかった。おかげで大学4年間は借金もせず（ケチケチ生活を余儀なくされたが）、自力で大学へ通うことができた。

自分に拍手を送りたいところだが、何事も良い面があれば悪い面もあるのが世の常。講師のバイトをやりすぎたせいで、まともに大学に通えなくなった。担任としての使命感から予備校の仕事を優先し、それを言い訳に学校を休みまくったのだ。

大学の課題に取り組む時間すら確保できなかったため、専門課程を減らして教養課程で単位を埋めるという本末転倒ぶりだった。

休学して兵役を終え、復学して3年生になった頃には、同じ科には知る人間がおらず、みなが僕をほかの科から複数専攻で来ていると思っていたほどだから世話はない。

よく、「大学での人脈は、その後の人生で重要な財産となる」なんて言うが、それすら構築できなかった。専攻授業も必要最低限の単位しか取らなかったので、デザイン科を卒業したのに、デザインについてもほとんど知らない。

こうして大学に通うために働いているのに、肝心の大学生活がおろそかになるという皮肉な状況が続いた結果、次第に予備校の仕事が心底嫌いになっていった。

それに、予備校の仕事が嫌いになった理由はもう一つある。

生徒たちを四六時中追い立てなければならないことだ。

「人生の目標は入試だ」と言い聞かせ、休むことを許さず、努力させ続けることが嫌で嫌で仕方なく、大きなストレスだった。

「こんなのも描けないようじゃ、大学なんてムリだね」

「君が寝ている間も誰かは絵を描いているんだぞ?」

「このレベルなら地方の大学くらいは入れるさ。きっとご両親も喜ばれるんじゃないか？」

そんな皮肉をためらいもなくぶつけては子どもたちを傷つけた。今思い返すと顔から火が出そうだ。自分は何様なのか、大学名がなんぼのもんかと。

まるで大学が人生の最終目的地であるかのように、子どもたちを煽《あお》り立て脅迫し、制限時間内に完成度の高い絵を描く〝機械〟を作り上げていたのだ。

僕はそんな人間だった。

だから、大学卒業と同時に予備校を辞めた。残って働き続けることもできたが、もうこりごりだった。

ほかの仕事がしたい。もっと楽しくて、意味があって、胸がときめくような仕事。

……しかし、それが何かはわからなかった。

学生生活ですらそんな調子だったから、就職活動や将来への対策ができるはずもなく、20代のほとんどの時間を大学の卒業証書を買うことに費やしてしまったようなものだった。

考えてみれば、最初から大学の卒業証書がほしかっただけなのかもしれない。なさけないが、本当にそんな人間だった。

しかし、予備校を辞めたことで気分だけはよかった。これ以上やりたくない仕事をやらなくてもすむ。それだけで未来が明るく開けたように感じた。

今までずいぶん苦労したから、これからはゆっくり休みながら、自分が本当にやりたい仕事を探そう。短い人生なのだから、本当にやりたいことをやらなくちゃ。日銭を稼ぐために簡単に就けるような、適当な仕事には振り回されたくない。本当にやりたい仕事に情熱を注ぎ、悩み、苦しみ、成長しながら生きていきたい。そう決心した。

幸い、実家暮らしで衣食住には困らなかったし、予備校のバイトで貯めたお金も、ケチケチ使えば1年くらいはもちそうだった。

でも、それが苦悩の始まりになるとは……そのときは思いも寄らなかった。

※ やりたい仕事は〝探す〟のではなく〝訪れる〟もの

1年たっても、自分がやりたい仕事は見つからなかった。そして、あっというまに3年が過ぎ去った。

この3年間を僕は「人生のブランク期間」と呼んでいる。スポーツ選手でもないのにブランクだなんて。それも3年も。

3年もの間、1ウォンも稼ぐことなく、本当にやりたい仕事は何かと悩み続けた。


……それで、見つかったのかって？

結論から言うと、見つからなかった。

だが、いくつか発見があった。

「本当にやりたい仕事」とは「恋愛」に似ているということだ。

「今から真の愛を探すぞ」と探しに出ても真の愛は見つからないように、本当にやりたい仕事も探して見つかるものではない。

本当にやりたい仕事は〝探す〟のではなく〝訪れる〟ものなのだ。

仕事や勉強、趣味、旅行など、日常を過ごす中で「ああ、こんな仕事がしてみたい」と自然に、または運命のように訪れるものではないか。


もちろん、3年間、まったく何もしなかったわけではない。作家を目指して小説を何本か書いたり、絵本に魅力を感じて、ひとりで絵本を作ったりもした。

だが、それが本当に自分のやりたい仕事なのかと自問して不安になった。

たったこれしきのことが、本当にやりたい仕事だと言えるのだろうか？

本物は、「これ以外ありえない！」という強烈なインパクトがあるんじゃないか？

そして何より、自分の才能が疑わしくて、とにかく焦りまくった。

これも恋愛と似ている。ある人は一目惚れして、激しく狂おしい恋に胸を痛める。またある人は、一目惚れすることなく少しずつ人を好きになり、恋をする。そしてその恋も穏やかだ。

僕は後者だった。一目惚れして恋に落ちたことがない。恋愛でひどく胸を痛めたこともない。そんな人間が、仕事には強烈なインスピレーションを待ち望んでいたのだ。自分がどんな人間かわかっていなかった。

こうして強烈でビビッドな感覚を待ち望んでいたが、いつまでたってもやってこなかった。どうやら自分は、妥協が必要な人間だったようだ。強烈にやりたい仕事はないけど、やりたくない仕事はあるタイプだ。

だから、こう考えた。まったく合わないものじゃない限り、自分ができる仕事ならなんでもやってみようと。

これが、3年という長いトンネルをくぐり抜けたすえに下した結論だった。

この単純な答えを得るのに、実に長い年月がかかった。愚かすぎるにもほどがある……。

そんなとき、疎遠になっていた先輩から電話が入った。

「うちの会社に来ないか？　編集デザインの会社なんだけど、仕事は教わりながらやればいいし、給料はたくさんあげられないけど、つらくはないと思うよ」

……喜んで！　その当時、プータロー3年生という負い目からプライドは皆無に等しかった。言い換えれば、謙虚（笑）になっていた。

誰かが仕事をくれると言えば「うわぁ、僕のような輩に仕事をくださるのですか？　最善を尽くしますでございます。へこへこ」と飛びつく準備万端だった。

だがそんな謙虚な気持ちが、ブランクを抜け出すのにずいぶん役に立った。本当にやりたい仕事を探し出すまでは適当な仕事はしないと決めていたが、もし貫き通していたら今頃どうなっていただろう。

謙虚になれて本当に、よかった。

ラブストーリーは突然に

先輩の会社に通い始めて少したった頃、ある出版社から電話がかかってきた。

「インターネットにアップされている絵本を見て、ご連絡差し上げました……」

こうして絵本を出し、イラストの仕事も始めることになった。

これは努力した結果ではない。ありがたくも、なんとなく運気がそんなふうに流れたのだと思う。

会社員になろうとか、絵本作家になろうと必死に努力したわけではなく、ひとまず自分ができる最低限のことをやろうと思って始めたことだった。

まるで誰かが見守っていて、「こやつもようやく働く準備ができたようじゃのう」と仕事をくれたような感覚だった。

こうして僕のブランク期間は幕を閉じた。そして会社員とイラストレーターの二足の草鞋《わらじ》を履く生活が始まった。

どちらもうれしい仕事だった。本当にやりたい仕事ではなかったかもしれないが、煩わしくもなく、面白くて、もっとうまくなりたいという欲求も生まれた。

しかし結局は、その会社も辞めてしまった。生活のために何年も身を粉にして働くうちに、当初の謙虚な気持ちは薄れ、不満だけが積み重なっていったからだ。

それに、掛け持ちでどっちつかずになるよりも、一つの仕事に集中したいとも思った。生活のために働くのも悪くないが、もっと面白い仕事をやってみたい……そう、再びあの病が発症したのだ。やりたい仕事への欲望が頭をもたげたとでも言おうか。

その代わり、今回は「強烈なインスピレーションがほしい」というような無茶なことを望んだりせず、やりたい仕事を少しでも楽しくできる方法を模索している。いや、ひょっとすると再び振り出しに戻ったような気もしなくはないが（やれやれ）。

世の中には僕とは違い、やりたい仕事を人生の早い段階で探し出せる人たちがいる。そんな人たちが本当にうらやましい。どうしたらそんなにハッキリとやりたい仕事がわかるのだろうか。

一方で僕のように、あれこれと興味はあるが、これといって何がやりたいのかわからない人たちもいる。

本当にやりたいことが何なのかわからない？
でも大丈夫。無理やり探そうとしなくていい。
いつの日か、向こうからやってくるから。

まあ、ひょっとするとやってこないかもしれないし、あるいはそれが、とてもわずかな感覚で確信を持てないかもしれない。

でも大丈夫。すごく立派でなくとも、自分ができる仕事をやり続けていれば、次はどこへ行けばいいのか、いつかは見えてくる。この仕事は向いてないとか、この仕事をもっと追求してみたいとか、その時々で選択していけばいいのだ。

それにしても、どうせなら、めくるめく大恋愛をしてみたかった。だけど、アッアツとかドキドキじゃない恋も素敵だと今は思える。

人それぞれのやり方で恋愛（仕事）すればいいのだから。

いつかはみんな会社を辞める

辞めるか、残るか。それが問題だ。

どんな選択の達人だって、退職問題の前にはハムレットよろしく決断回路がショートする。僕の場合も、潔く会社を辞めたように見えて、なんだかんだ長いこと悩んだ。やはり退職は難しい。

実におかしな話だが、退職の悩みは入社した瞬間から始まっている。どんなに良い会社だってそれは同じだ。

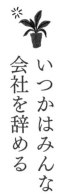

ここまでくると、人間というのは会社と相性が悪い存在だと認めるべきではないか？

とにかく、されどお金だ。会社以外に収入の当てがあるなら、躊躇《ちゅうちょ》することなく辞表を出すはずだ。

僕も何年もの間、退職したいと悩みつつ我慢したが、それも次の当てがなかったからだ。だから四六時中悩む。手も足も出ないまま……。

僕の知人に、恋人と別れる前に必ず次の相手をキープするやつがいる。今カノと別れたら途切れることなく次カノとの恋愛を始め、次の相手が決まっていなければ今カノが死ぬほど嫌いでも別れたりはしない。

こんなやつをちゃっかり者と見るべきか、卑怯者と見るべきか。

退職に臨む僕らの気持ちは、これに近いのではないか?

誰しも、収入の当てがない限り、会社員を辞めることをためらうはずだ。何事もそううまく運ぶわけはなく、たいていは命綱のないまま飛び降りる冒険に近くなってしまう。

そして残念なことに、ほとんどの人が冒険家として育っていない。だから、今日も辞表を握りしめたまま悩むだけだ。別れたら、もっといい相手と付き合えるかもしれないし、もっとダメな相手と付き合うこともありえる。

この不確実性のために、さらに深刻に悩むことになる。

でも、悩み続けても道が開けるわけでもない。僕は、悩みから解放されたくて辞表を出したと言っても過言ではないが、もちろん収入の当てはなかった。

そ、そうだな。僕が悪かった

会社員を辞めて、長年の悩みから解放された感想はどうかって？

さあ、よくわからない。

正しかったような、失敗したような。正直に言うなら「なんであんなにつらいと思ったんだろう？　なかなかいい会社だったのに」という気分だ。

今、僕がサラリーマンを辞めてまでやっている執筆活動だって、会社にいながらでも十分にできたはず。まあ、今思えばの話だが。そのときは、そんな考えも持てず、ただ会社のせいで何もできないと思っていた。

僕のようにイラストを描き、文章を書く作家を数人知っている。個人的に親しいわけではなく、一方的に知っているだけだ。

そのうちのひとりは、会社員をしながら夜の時間を割いてイラストエッセイを発表し、それが好評を博して出版につながり、サラリーマンを卒業した。理想的な退職だ。

また別の人は、同じように会社員をしながらイラストエッセイを2冊も出版しているが、その後も会社に通い続けている。この二人はリスペクトだ。

内部事情はわからないにしても、どうやったらそんなにバランスよく二足の草鞋を履きこなせるのだろう？

そして、なぜ僕はそれができなかったのか？

会社に行きたくないと不満を口にするばかりで、試しもしなかった。サラリーマンという安全な枠の中でなら、もっと気楽にできたかもしれないのに。もちろん、体は酷使することになっただろうが。

※一つ終えて、やっと次が見えてくるタイプ

しかし自分を責めないようにしようと思う。自分をいじめたくない。

ただ単に、会社に通いながら時間を割き、文章を書くほどの情熱がなかっただけだろう。本当にやりたかったなら、徹夜してでもやったはずだ。

自分の望みを敏感に察知して状況を整えていく人もいれば、僕のように自分が何を望んでいるかもわからず、手をこまねいているだけの人もいる。

僕のような人間は、一つ終わらせて、やっと次が見えてくる、そういうタイプなのだ。

たぶん今、タイムマシンで会社を辞める前に戻ったとしても、会社に行くのがつらいとかなんとか不満だけたれて、対策を講じたりなんかしないだろう。僕の宿命

みたいなものだ。

会社を辞めてよかったのかどうか、今もわからない。結論を出すにはまだ時期尚早、もう少し様子を見なければならないだろう。数年後には、会社を辞めたことを後悔しているかもしれない。

だけど、それがどうした。過去に戻ることなんてできないのだから。

こんなときは、年を取っていてよかったと思う。40代の再就職なんて簡単ではないから、今の状況の中で、なんとかしていくしかない。

一つ明らかなことは、永遠に会社に通い続ける人なんていないということだ。

いつかはみんな退職する。僕はほんの少し早く会社員を辞めただけ。

そう考えると、気持ちもいくらか軽くなる。

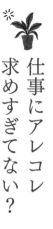

仕事にアレコレ求めすぎてない？

僕の仕事はイラストレーターだ。

そう言うと、たいていの人が「好きな仕事ができて、うらやましいですね」なんて反応を見せる。僕の意見を聞きもしないで。

必ずしもすべての会社員が自分の仕事を好きではないように、すべてのイラストレーターが絵を描くのが好きなわけではない。ほかの仕事だってそうだろう。

好きで今の仕事を選んだ人もいるが、さまざまな理由から今の職に就いた人だっているはずだ。収入がいいからとか、安定しているからとか。

そして、多くの人は〝なんとなく〟今の仕事を始めたのではなかろうか。

僕もそうだ。絶対にイラストレーターになりたいと思っていたわけではない。なんとなく、絵を描いてごはんを食べるようになった。絵を描くのは嫌いではないが、心底好きでもない。これはただの〝仕事〟だ。

でも仕事とは、もともとそういうものではないだろうか？

もちろん、絵を描くのが好きだったときもあった。絵が仕事でなかった頃は好きだったが、仕事になったとたん前ほど好きではなくなった。これはちょっと悲しい。

だから、人によっては「本当に好きなことは仕事にすべきでない」と忠告する。

だが一方で、ある人は「本当に好きなことこそ仕事にすべきだ」と忠告する。

一体どうすりゃいいんだ？

どちらを選ぶのも自分次第だが、たぶんどちらを選んだとしても後悔しそうだ。

人間は欲の多い生き物だから。

ひょっとすると、僕らは仕事に対し、あまりにも多くのことを望みすぎているのかもしれない。

食べていくのは大前提として、お金をたくさん稼げるほどいいし、自己実現もできて、面白くて、そこまできつくなくて、それに休みも多くて、尊敬されて……。

それってどんな仕事だろう？

でも、あなたは好きな
絵の仕事をしながら
暮らしているじゃない
誰が言ったの？
絵を描くのが
好きだなんて

実際のところ、その中の一つや二つでも満たされるなら、なかなか良い仕事と言えるのではないか？

ちょっと欲を捨てれば、今の仕事にも満足できるかもしれない。

ずいぶん長いこと「本当にやりたい仕事」が何かについて悩んできたが、見つからない理由がようやくわかった気がする。みんなも自問してみるといい。

本当に働きたいのか？

答えがノーなら、今の仕事の良い面を見て妥協する手もある。

僕も、やりたいかどうか以前に、仕事自体をやりたくなかったようだ。

シンプルに暮らしたい。ただそれだけだった。

生きていくって、そんなに複雑なことだろうか？

食べていく手段を自分で選べる今の時代は好きだが、ふと狩猟と採集で毎日を送っていた原始人たちの生活をうらやましく感じたりもする。

その「生きづらさ」は、あなたのせいじゃない

成功した芸能人のエピソードには必ずと言っていいほど、ある共通点がある。

デビュー前に親から猛反対されたという点だ。

あまりにありふれた話なので、どの芸能人のエピソードと言えないくらいである。

「この子が歌手にならずしてどうするんだ?」くらいの才能の持ち主ですら親から猛反対され、それこそ親子の縁を切るだのなんだのの大騒ぎがあったとか。

そんな親たちが成功した子どもを見て、今頃どう思っているのかが気になる。

「ああ、あのとき私たちの言うことを聞いてくれなくて本当によかったわ」

なんて考えているのではなかろうか。


これは、何も芸能人に限った話ではない。夢を見ようとするなら、勇気と反抗心を持たなくてはならない。

まず、親の小言が障害になる。親不孝者にならない限り、自分の夢を試すことさえできない。夢を見れば大目玉を食らうのだ。

「夢みたいなこと言ってないで、勉強しなさい！」

そう、この世界では、勉強以外はすべて夢みたいなことになる。こんな世の中で、子どもたちが夢を見られるはずがない。

自分の夢を探す機会さえ奪われたまま、勉強にかかりきりになる子どもたち。そして、勉強という一本道だけを提示する大人たち。

もちろん、勉強自体を否定しているわけではない。問題は、この国の教育システムがいまだに「良い大学に行くための教育」しかしていない点にある。

なぜ、いい大学に行かなければならないのか？

——それは良い会社に入れるからだ。

もちろん最近は、いい大学に行くだけでは許されない。成績以外にも、あれこれと自らのスペックを高めておく必要がある。勉強だけ頑張っていると命取りになりかねないのだ。

小中高の12年間と大学の4年間、計16年の間に積み上げる勉強と自己研鑽は、ひとえに良い会社に入るためのものだ。入社以外では特に使えもしない。僕らは徹底して〝会社人間〟になるべく教育される。だから何としてでも、会社に入ろうとする。

なのにどういうわけか、働き口がない。どうにか就職できた人たちも、雇用不安と過度の業務に苦痛を訴えている。

こうなりたくて必死に勉強してきたのか?

大人たちが言った「幸せ」とはこういうことだったのか?

※ いつかは正解以外を堂々と歩める世の中に

昨今、青年失業問題が深刻化し、あちこちで責任を問う声が聞かれるようになった。しかし、これは誰かひとりの責任ではない。政府、社会、教育、企業、親、すべてに責任がある。

さらには、当事者である個人にも責任がある。あまりに大人の言うことを素直に聞きすぎた罪。勇気を出して反抗できなかった罪。**そう、自分の人生を誰かにゆだ**

ねてしまった罪だ。

時代が変わっても、教育は変化についていけずに古い価値観を押しつけ続けてきた。〝夢〟ではなく〝成功〟を教える教育のことだ。

しかし、ここ数年でいきなり態度を豹変させた。若者たちに「夢を見ろ」と言い始めたのだ。思いっ切り夢を描きなさいと。バカの一つ覚えみたいに大企業入社と公務員試験にばかり固執せず、自分の夢に向かって飛び立ちなさいと。

その言葉が上滑りにしか聞こえないのは、僕らの社会が夢を見て何かを成し遂げるには困難な〝正解社会〟だからだ。

僕らの社会は正解が決まっている。その道を歩まない限り、後ろ指をさされる。

そうだ。最初から夢を見ないように仕向けたのも、夢を見て少しでも別の道を歩もうとすると四方八方からタックルを仕掛けてきたのも大人たちだった。というか、社会の全般的な雰囲気がそうだった。

こんな雰囲気の中で夢を見ろだって？

舌の根も乾かないうちに、どの口がそれを言う？

そんな理由から、夢を持とうなんて言葉にはどうしても用心深くならざるをえない。ひょっとして「夢を持て」とは、「チャレンジ精神」という名のスペックをさらに押し付けていることなんじゃないかと気掛かりだ。

思いっ切り夢見ることが許される世の中になってほしい。

心からそう思う。

そして何よりも、特別な夢なんかなくても幸せでいられる世の中であってほしい。

夢は大きく、思い切り飛び立て！

「正解社会」に必要なのは多様性

「私も外国でレストランやりたいなあ」
「海外でキンパプ（韓国の海苔巻）作って売ったら儲かるんじゃない？」

こんな会話が韓国のあちこちで聞かれるようになったのは、すべてテレビ番組『ユン食堂』※のせいだ。

人気俳優が海外で韓国料理のレストランを切り盛りするこの番組は、単なる娯楽の域を超えて、国民の意識改革を促したと言っても過言ではないほど、人々に新たなロマンを抱かせた。

競争の熾烈《しれつ》な韓国を飛び出し、ゆったりと外国で店を開くというロマン。「本当に幸せな生き方とは何か」という僕らの悩みに寄り添うように。

※有名プロデューサーのナ・ヨンソクが制作する、韓国の人気リアルバラエティ番組

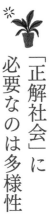

もともと韓国では、自分の店を持ちたいという国民的野望が以前からあった。

会社員だった頃、同僚の男たちが集まれば必ず、「この先、どんな仕事でメシを食っていくか」なんて話になったが、その話も自営業が前提だった。

「最近、やたらとカフェが増えたよね？」

「ビリヤード場も案外悪くないって話だぜ」

「済州島《チェジュ》でゲストハウスをやるのはどう？」

「チーズドッグが大ブームらしい」

「フランチャイズは本社だけが儲かるからなあ……」

「でも、フランチャイズのほうがリスクは少ないかも」

こうして各々が持つ情報とアイデアを一つずつみんなで精査し、慎重に電卓をたたいては、その可能性を分析していた。ただし、決まっていつも「店をやる資金がない」という結論に着地するのだが。

さらに、（ちょっとだけ盛るが）僕のまわりの女性たちもみな、口をそろえて「カフェを開くのが夢だ」と言っていたのには心底衝撃を受けた。

マジで？　一体この国で何が起きているのだろうか？　いつ韓国人のＤＮＡに商人根性が刷り込まれたのだろう？　ここまで来ると「商人民族」と呼べるのではないか。

自分の店を持つ欲などない僕は、こんな熱に浮かされた話を耳にするたびに、水を差してまわるのに忙しかった。

「商売はそんな簡単じゃないよ」
「開業した9割が1年以内に店を畳んでいるらしいよ？」
「仕事と日常の区別がつかずに気が休まらず、売上が心配で夜も眠れないとか」
「迷惑な客の対応に追われて、こんなことのためにお店をやってるわけじゃないのに……と嘆いている人も少なくないってさ」

こうして、ありとあらゆる小憎らしい話で、彼らのやる気をどうにか削ごうとした。ところが、ある瞬間から、そんな否定的な発言はやめようと思った。

なぜなら、彼らの「自分の店を持ちたい」という言葉の裏には、現在への不満と、未来への不安から一時的に逃れたい、ひと休みしたいという感情があるだけで、心から店をやりたいという、一世一代の夢やロマンがあるわけではないことに気づいたからだ。

立派な職業に就いているサラリーマンが言う「自分の店をやりたい」とは、「今の生活がつらい。いつまでこんな仕事が続くのか不安だ」という意味なのだ。

会社員経験がある人ならわかるだろうが、他人の下でサラリーをもらうのは容易ではない。なんとなく惨めだ。

「自分はずっとこうやって生きていくのか?」「もう少しプライドと品位を保ちながらお金を稼ぐ方法はないのか?」と考えてしまう。

そして悩みがピークに達すると、「会社員生活やこれまで積み上げた経歴を全部かなぐり捨ててでも〝自分の仕事〟をすることこそ、心から健康なんじゃないか?」という考えにたどり着く。そう考えるのも仕方がないかもしれない。

伸び続ける平均寿命もこの思考に拍車をかける。

まさかの「人生100年時代」だ。定年までのわずかな時間ではお金を貯められそうになく、退職金と年金だけで暮らすには、あまりにも老後が長くなった。

子どもたちに期待できる時代でもない。若いときにえげつないくらい稼げない限り、老いても働き続けるしかないのだ。

だから、稼ぎ続けられる方法を模索するしかない。暇さえあれば、何をして食べていくかに頭を悩ませる。

なぜ、一つの「正解」に群がるのか？

終身雇用、一生同じ仕事なんて考え方は崩壊する時代が来た。

一つの仕事だけで長い人生を生き抜くのは難しく、第二の人生、次の仕事のことを考えずにはいられない。そのせいか近頃は、子どもから大人まで進路探しをしているらしい。

ところで、ここで不思議なのが、すべての国民が「個人店経営」という一つの答えを受け入れていることだ。

たぶん、商い以外に思い浮かぶ対策がないからだろう。僕だって、今この仕事をしないのなら何をしたらいいか思い浮かばない。

アメリカにあるレストランの数より韓国のそれが断然多いという話を聞いたが、韓国は引退後の職業として、個人店経営以外に思いつくものがない社会なのだ。

僕らは大学入試と就職という一本道に追い立てられたのち、再び個人店経営という一本道に追い込まれつつあるのかもしれない。全国民が商いをしなければいけない運命とは何とも大変だ。

ひょっとして『ユン食堂』は、そんな国民の個人店経営対策を考えて、より大きな市場を開拓しようというナ・ヨンソク氏による大きな青写真なのではなかろうか（なんて、あまりにもどかしくて適当な冗談を書いてしまった、すまない）。

なぜ僕らはいつも、正解がただ一つしかないかのように、そこに群がるのだろう？

個人の問題と決めつけるには、あまりにも大勢の人たちがそうだ。

一時期、引退した中年たちがこぞってフライドチキン店を開業したというウソみたいな話も、決して笑い話ではない。

この社会は、著《いちじる》しく多様性が欠如した正解社会である。

１００歳時代とはつまり、定年後に30年、40年と時間があるということ。体力は衰えるが、新しいことを習って匠の域に到達できるほど、十分な時間がある。

写真を勉強すればカメラマンにだってなれるだろうし、普段から愉しんでいるワインを勉強してソムリエになることもできるだろう。「どんな店を開業するか」ばかりじゃなく、こんなふうに人生を楽しむための多様な悩みが聞こえてきてもいいはずだ。

ようやくわかったよ。
今までの人生は、
チキンを揚げるための
長い旅路だったって！
裸エプロンはやめろ！
新婚のロマンを
汚すんじゃねえ！
定年後は誰しもチキン屋になる不思議
得度食堂

「老いてからはそんなことムリだよ」なんて言うなら、それこそ正解社会に順応しすぎている証拠だ。だから第二、第三の〝フライドチキン屋〟を探すことくらいしかできなくなる。

一つの正解にドッと群がっていち早く消耗し、過度な競争に共倒れしないようにしたい。僕らはそんな例ばかり、たくさん見せられてきたじゃないか。

開業を非難しようというわけではない。お金が多いほど暮らしやすい世の中だから、儲け話に人が集まるのを止められはしない。

ただ、もう少し多様な生き方と仕事ができる世の中になってほしい。

さらには、お金をたくさん稼がなくても幸せに暮らせて、無視されることもなく、惨めでもない世の中、そんな社会を夢見ている。

たとえ片思いに終わったとしても

少し前、仲の良い後輩から久しぶりに電話をもらった。

商業イラストレーターの僕とは違い、彼は純粋に絵画を描き続けている。ここ数年は、美術講師の仕事と創作活動を並行していて、いつも創作時間が足りないと嘆いていた。

絵は描きたいがお金はいる。だから定職に就かず、時間が自由なパートタイム講師の仕事を選んだわけだが、それでも状況は厳しいようだった。絵画に専念してもすぐに金になる当てはなく、パート講師の仕事を辞められないでいた。

そんな後輩の状況を見ていた彼の母親が、ある日静かにこう言ったという。

「まだ頭がやわらかいうちに、公務員試験を受けたらどう？」

彼女の目に、息子の人生がどんなに不安なものに映っていたかがわかる。しかし、彼は絵に没頭して幸せに満たされてから穏やかに眠りにつくような男だ。そんな彼を知っているからこそ、心が重く沈んだ。息子の行く末を案ずる母心もわからないではないが、絵を描くことを生業《なりわい》としたい人間に向かって、公務員だなんて……。もっとも、彼もそれに憤ったからこそ電話してきたのだろうが。

しかし、僕にこれといった良い答えがあるはずもない。自分の身の回りのことで精いっぱいの分際で、お母さんの言う通りにすべきだの、それでも自分の夢を追うべきだのと気安く言うことなんかできなかった。

せいぜい言えたのは、**「少なくとも、誰かのせいにするような選択だけはするなよ」**ということだった。

もし彼が母親に言われた通りに公務員試験を受けたところで、すぐに合格するとは限らない。また、数年を公務員試験の受験のために費やしても、結局はあきらめることになるかもしれない。

あるいは、運よく受かったとしよう。しかし、画家になりたかった彼が公務員になっても、やはり母親を恨むのではなかろうか。「もし絵を描き続けていたら……」と後悔の日々を過ごすかもしれない。

一方で、自分の心に従えば、少なくとも誰かのせいにすることはない。成功しても、失敗しても、すべて自分の責任。そう思えば少し気が楽になる。自分の人生なら、そうすべきじゃないだろうか？

「こうなったのも全部、母さんのせいだ！」

誰かに責任を取れと詰め寄ったところでムダだ。

これは自分の人生だ。過ぎた時間は決して戻らない。

だから言ったろ？　夢を追いかけるなら、親不孝者になる覚悟がないとダメだって。

数日後、再び彼から電話があった。結論を出したようだ。

両親を説得し、1年の猶予期間を稼いだそうだ。

僕の言葉に従ったわけではなく、すでに彼の心には答えが出ていたようだった。僕に電話したのは、ただ自分の出した結論に確証を得たかっただけなのかもしれない。

さて、1年後はどうなるだろう。

※ 僕らには挑戦する権利がある

君が何かにトライするとき、すべてのことが君を試す。
君がどれだけ本気なのかを。
たとえ拒絶されたとしても、それをやるのかを。

——映画『酔いどれ詩人になるまえに』より

夢は、僕らをワクワクさせる。でも、それに向かって進むのはつらく厳しい。その厳しさに耐えてとことん頑張りぬけば、夢は叶うと言ってあげたいが、現実は違う。ある人は夢を実現し、ある人は実現できない。現実は後者のほうがずっと多い。夢が叶う可能性は低く、相当なタフさが求められる。むしろ夢なんか見るなと言ってやりたい。

なるほど、親たちが反対するのはこういう理由からだったのか。子どもが必要以上に苦しまないように、夢を叶えられず失意のどん底につき落とされないようにと。

そんな親心はありがたいが、僕らはその苦しい道を進まずにはいられない。つらくても失敗しても、これは自分の人生だから。

なんだか、夢を見ることは片思いに似ている。

恋人になれる可能性を計算してから、誰かを好きになったりはしない。ただ、好きになるだけだ。好きという気持ちが止められずに片思いするのだ。

自分を受け入れてもらえるかわからないまま、僕らは夢を見る。


こんなにつらい思いを強いられるのに、それでも夢を見つけてしまったならどうするかって？

夢があるからと、すぐさま夢を追いかけるべきとは思わない。それがどんな痛みを伴うかよく知っているから。すべての人がその痛みに耐えられるかもわからないし、耐えなければならないこともない。

しかし、一度は試してみることをおすすめしたい。

試しもせずにあきらめると、あきらめたことは心の片隅にずっと残り続けるから。

僕らには挑戦する権利がある。もしそれが叶わない恋だとしても。

両思いになれなくても、その恋には十分意味があるから。

試しもせずにあきらめるなんて、
実にもったいない！

ないならないなりに暮らせばいい

「家賃ってもったいないだろ？　いっそローンを組んで家を買えよ。家賃はただ捨てる金だけど、ローンは返し終われば自分のものになるじゃないか」

ああ、まただ。こんな話を聞いたのは一度や二度じゃない。たぶん僕のことを思ってくれる人なら、きっと一度はこんな話をしてくれたと思う。

はたから見ると僕の経済生活がもどかしく見えるようだが、肩代わりしてくれるわけでもないくせに借金をしろと勧められても困る。借金は嫌いだ。

家賃がもったいないって？　もちろん小さくない額だ。

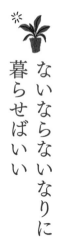

できれば払わずに暮らしたいが、それはムリだろう。

旅行に出てホテルで一日寝るだけでも、かなりの宿泊費がかかるじゃないか。家を借りたら当然レンタル料は払うべきだ。このご時世に無料なんてないのだから。

ついでに言うと、銀行が無料でお金を貸してくれるか？　利子があるだろう、利子が。利子はもったいなくないの？

「それは君が勉強不足だからだよ。もちろん毎月利子は払わないといけないけど、家賃を払うよりずっと安いよ。不動産価格が上がることだってあるんだから」

そうなの？　聞いてみると確かにお得だな。実に多くの人がこの方法で富を蓄積しているのだろう。これを知って利用しないなんてバカだよな……。

悲しいが、借金をしないとバカ扱いされる世の中になった。

ところで、これほど簡単・確実なのに「ハウスプア〔持ち家があってもローン返済などで生活が苦しい人、高い家に暮らす貧乏人〕」という単語が生まれたのはなぜだろう？　どうしてたくさんの家がローンを払えずに競売にかけられてしまったのか？　それにアメリカのサブプライムローン問題はどう説明するのだろう？

「ああ、そんなこともあったけど、君は大丈夫だよ。だからローン組めよ」なんて言うつもりだろうか。

聞いていると、どうも新手のローン勧誘のようだ。僕の知り合いまで使って勧誘してくるのだから悪質だ。

以前も、信販会社からこんな電話があった。資格、条件、すべてがそろっているのになぜクレジットカードを作らないのかと。今なら1枚作ってやるぞと。

僕はデビットカードだけを使うからクレジットカードは必要ないと言うと、まるで変人扱いされた。この素晴らしいサービスを利用しないなんて賢くありませんね、なんてことまで言われる始末だ。

またバカにしやがって。ここらで電話を切らせていただきます。

借金してまで、生活レベルをなぜ上げる？

この年になってもクレジットカードを作ったことも使ったこともない理由をあえて挙げるなら、何よりその仕組みが気に食わないからだ。

クレジットカードはまず借金をする。通帳にお金がなくても、クレジットカードさえあればお金を使える。そして1カ月後、自分が使ったお金をカード会社に支払う。

この仕組みが嫌いだ。期間が短いのであまり意識しないが、これは明らかに「借入」だ。未来の自分が稼ぐお金を、事前に前倒しして使うことなのである。そんな理由からクレジットカードが嫌いなのだ。

ここまで借金が嫌いな理由を、借金で大失敗して苦い思い出があるからとか、ヤミ金に手を出して臓器の一つでも売り、蟹工船で奴隷生活を送ったからなんて思う人もいるかもしれないが、幸いそんなことはなかった。

自分でも理由はわからないが、とにかく借金はしたくないし、嫌なのだ。

すぐに支払う能力もないのに、誰かから、または未来の自分からお金を借りてまで、何かを所有したくない。

ないならないなりに暮らそう。

それが僕の信条だ。自分の身の丈に合った消費をしようという考えは、それほどバカげたことだろうか?

誰かは僕のこんな考えを「典型的な庶民マインドだ」と皮肉った。一生そうやって暮らせと。

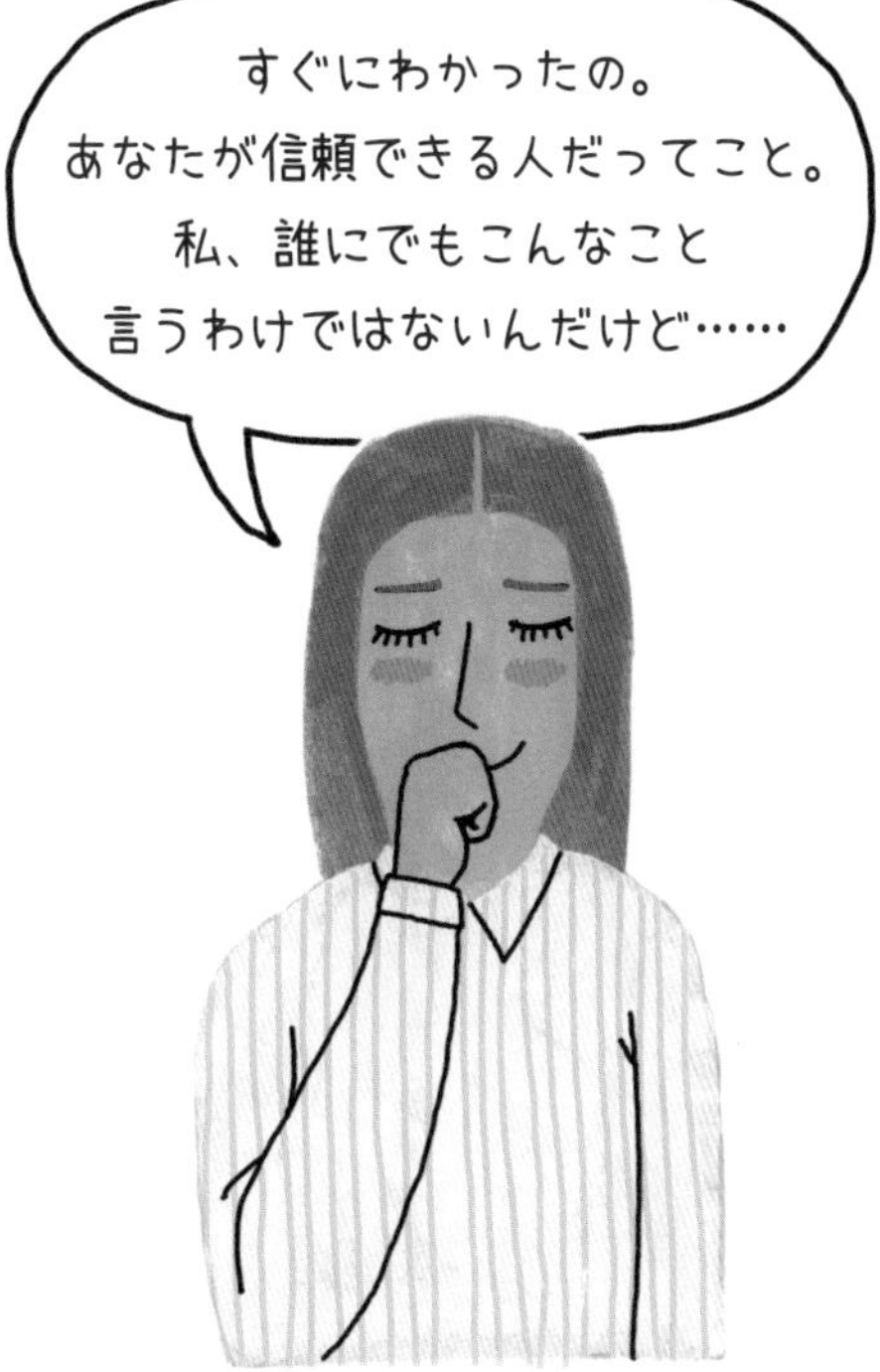

信販会社のお姉さん。
僕、借金は必要ないんです

違いない。僕は庶民に生まれて、今も庶民だ。だからといって、借金をしてまで庶民暮らしを脱する考えはない。階級が上がったわけでもないのに借金で生活レベルを少し上げるなんて、ただの自己欺瞞じゃないか。

不動産価格が高い（心配ないさ、住宅ローンを借りればやっていける）
大学の授業料が高い（心配ないさ、学生でも簡単に学資ローンが借りられる）
物価が高い（心配ないさ、クレジットカードで借金できる）

こんな対策なんか望んでいない。お金を借りて解決したいわけではなく、根本的な打開策を望んでいるのだが、そんなに難しいことなのだろうか。まるで世の中がもろ手を挙げて借金を勧めているようだ。

事実、一日に何度もローンに関する広告メールや電話がくる。テレビをつければ消費者金融のCMがみなさんの強い味方だと豪語する。

いくら借金が嫌いだと意地を張っても、結局借り入れるしかない世の中になっているように感じられてならない。

お金のために自由を後回しにしない

退職して「一生懸命生きない」と宣言してから、1年がたった。

その間、本当に一生懸命生きてこなかった。自分でもあきれるくらい、気の向くままに暮らし、気の向く仕事だけした。結果、収入も大幅ダウンしたが……。

でも、わざとお金を稼がないように努力したのだ。これは本当だ。稼げなかったのではなく、稼がなかったのだ。

とにかく、ただ働く気になれなかった。以前だったらムリしてでも引き受けていたであろう仕事を、あれこれ言い訳をつけて断った。

情けないやつと思われるだろうか？　わかっている。いい大人が働きたくないとか、お金も稼がずぶらぶらしているのだから、そう思われても返す言葉がない。

でも、何度も繰り返すようだが、一度くらいは自由な暮らしを満喫してみたかったんだから仕方ない。

最近、「ＹＯＬＯ」という単語が流行しているらしい。「人生は一度きり（You Only Live Once.）」という意味で、未来または他人のために今を犠牲にせず、現在の幸せのために消費しようというライフスタイルを指す言葉だ。

近頃は、こんな考えの人たちが増えたのだろうか？　あるいはあまりにみんながお金を使わないから、消費活性を促そうという高度なマーケティング戦略だろうか？

ＹＯＬＯなんて他人事だと気にも留めていなかったが、よく考えてみたら、今こうやって自由に暮らしているのはＹＯＬＯなのかもしれない。

これまでは、お金のために自分の自由が奪われていると思っていた。

お金のために会社に通い、お金のために絵を描き、お金のために気の進まない仕事をしていたのだから、すべてはお金を稼ぐための義務だった。

だから、その問題を解決させるには、「もっとたくさんのお金が必要」だと考えていた。もっとたくさんのお金を稼げば自由になれる、十分なお金を貯めるまでは自由に生きられないぞ、と。そうして僕は、〝お金の奴隷〟になった。

でも不思議なことに、稼いでも稼いでも満ち足りなかった。毎日お金を追いかけて、でも追えば追うほどお金に逃げられているような気分だった。

200万ウォン稼ぐ人間が500万ウォンを稼いだところで、お金の問題は解決しない。年俸が1億ウォンを超えていても、お金が足りないと嘆く人もいる。

たぶん、お金のために自由を後回しにし続ければ、僕らは一生自由になれない。自由を知らないまま老いて死ぬコースの一択しかない。このままでは危ない。人生は一度きりなのに！

※ 未来ではなく、「今」のためにお金を稼ぐ

だから、今は自由に暮らしている。しかし、この自由が永遠ではないこともよくわかっている。今の自由は貯金の残高次第という有効期限付きだということを。貯金は思ったより早く減っていった。貯金が底をつけば僕の自由も終わる。ああ、結局お金だ。

みんなも気づいているだろうが、有効期限を延ばす方法はただ一つ。お金を稼げばいい。不労所得がない人間には、労働以外の手段はない。労働と時間を売ってお金を稼ぐしかない。たまには嫌いな絵も描いて、無茶な日程も消化して、ムカつくことにも我慢しながらお金を稼げば、有効期限を延ばすことができる。

でも、今の自由を延ばすためなら、少しくらいはできそうかもしれない。

毎日出社するわけでもないし、それすらできないなら自分にひと言言ってやりたい。

「できないなら、そのまま逝《い》け」と。


結局、再びお金を稼がざるをえない。お金からは完全に自由にはなれないようだ。

しかし、以前とは大きな違いがある。

以前は、未来のために我慢してお金を稼いでいた。

「お金を稼ぐ」イコール「我慢して耐える」だったが、今は、現在の自由と喜びを維持するためにお金を稼ぐ。我慢するのではなく、喜びを少し味わうための能動的な行動だ。

今の生活が維持できるくらいに稼げればいいので、多くを稼ぐ必要はない。よりつつましい暮らしでもよければ、仕事をもっと軽くすることもできる。

お金を稼ぐ行為そのものは同じだが、その行為に臨む心が変化したのだ。

よくわからない未来のためじゃなく、現在の自由のために稼ぐ。

だから、お金を稼ぐことはやめられはしないが、すでに自由だ。

こんな生活を一日一日と積み重ねながら、死ぬまで自由に暮らすのが目標だ。

「今」を生きるのがＹＯＬＯだろう？

いいトシこいて
いつまで、のらりくらり
やるつもりだい？
わかってるよ。
この自由も幸せもいつかは終わり、
また苦しい労働の日々がやって来るってことを。
だけど一度くらい、自由に生きてもいいんじゃない？
今、頑張って働いたとしても、
結局この先も必死に働くことになるだろうから

悲しい予感が当たらないことを祈る！

第4章

あやうく一生懸命生きるところだった

夢見た通りにいかなくても、
人生が終わるわけじゃない。
与えられたこの人生を生き続けるだけだ。
結局、今をどう捉えるかの違いだ。

少しくらい遅れたって気にすんな

飲食店で注文した料理が30分待っても出てこない――。

こんなとき、あなたはどんな気分だろうか?

注文が通っているのかどうかとソワソワし、店員を呼んでなぜこんなに時間がかかるのかとクレームを入れる。たとえ「申し訳ありません」と謝罪されても、すでに不快度はマックスだ。

料理がいつ運ばれてくるのか気が気でなく、後から来た客のほうが先に提供されやしないかと監視し、「ここまで待たせてまずかったら許さないぞ」と腹の底で脅迫もする。やっと料理が出てきたところで、待たされた時間へのいら立ちで味なんかよくわからない。そのうえ、貴重な時間をムダにしたようで腹の虫もおさまらない。

そんな局面では、誰でも黒い感情がうずまくはずだ。待たされるという行為はそれほど楽しいものではないから。

ところが、待たされてもなんともない店がある。ソウルの安国洞《アングクドン》にある、マッコリのうまい店だ。店主がひとりで切り盛りする小さな店で、そこのメニューの表紙にはこんなひと言が添えられている。

少し不器用な店主がひとりでやっています。料理が出るまで、お待たせすると思います。どうもごめんなさい。

待つのが嫌な人は、その文句を目にしたとたんに店を出るだろう。しかし、たいていの人は瞬時に寛大になり、快く待つほうを選ぶ。もともと不器用だと言っているのだから仕方ないじゃないか、と。

料理が出るまで20〜30分くらいかかるが、マッコリをちびちび味わい、おしゃべりをしているとあっというまだ。出された料理もそれはもう美味しく、これなら1時間だって待てると思えるから不思議なものだ。同じ待ち時間でも、先ほどのケースとはずいぶん違う。

寛大な気持ちで待てた理由は、ずばりメニューに書かれた文句のおかげに違いない。最初から時間がかかることを認めているから、イライラしないですんだのだ。

普段から急げだの早くしろだの、まくし立てられて目まぐるしく生きている僕らの心の中にも、実は余裕とゆとりが隠れている。

それをメニューの文句が引き出したというわけだ。

※他人のスピードに合わせようとするから、つらくなる

自分だけ、取り残されていないだろうか……?


誰しも一度くらいはこう思ったことがあるはずだ。いつもそう思っている人もいるかもしれない。

まわりのみんなはやりたいことを見つけ、何かを追い求め、成し遂げて、どんどん先に走っていくのに、自分だけがずっと同じところに留まっているように感じて不安になる。

「取り残される」といえば、僕の専門分野だ。三浪して大学に入り、兵役のために休学もしたから、卒業したのは30歳を過ぎたときだった。さらにその後の3年間を

無職で過ごした。これだけでも、同級生より6年か7年くらいは後れを取っている。こうして20代に入った頃から後れを取り続けてきた。

いや、ひょっとしたら生まれた瞬間から後れを取っていたのかも。誰かがこんなことを言っていた。金持ちの家に生まれるのも実力のうちだとかなんとか。だけど幸いなことに、自分が進みたい方向に少しずつだが進めている。たくさんお金を稼いで成功することだけが前進ではない。

暮らし向きも少しずつマシになってきている。たまにはその変化がごくわずかで自分の思うスピードでないようにも見えるが、間違いなく微妙に前進している。

そういう意味では、僕は不器用でのんびり型の人間だ。以前からその事実を認めてきたし、周囲にも包み隠さず話してきた。

不思議なことは、それを聞いた人たちがみな、あれこれ小言を言ったり、あきれたりすることなく、のんびりした速度を認めてくれたことだ。ましてや僕をうらやむ人もいたりしたほど。

そんな反応を見て、僕もやはり、取り残されていたという不安よりも、ゆっくりやろうという余裕が生まれた。行きつけのマッコリ店の店主の仕事が遅いことを認めて、待ち時間を楽しんだように。

冗談で「僕は他人より7年遅れているんだから、7年待ってくれれば追いつける」とか「みんなより7年若い人生を送っている」と言うこともある。

後れを取った分、若い人生。遅れているのは決して悪いことばかりじゃない。

必ずしも、みんなとスピードを合わせる必要はない。

誰もが、他人と同じように生きるのは嫌だとか言いながら、なぜ後れを取らないように苦労しているのか？

そして、どうして遅れたら不安に思うのだろうか？

仮に後れを取ったとして、それはそんなに大ごとだろうか？

人はそれぞれ、その人なりの速度を持っている。

自分の速度を捨てて他人と合わせようとするから、つらくなるのだ。

ムリして合わせようとせず自分のペースに忠実になるだけでも、他人とはまったく違う生き方になる。それが個性だ。

おお、ユニーク！

これだけは警告しておく。
号砲が鳴っても、僕は無茶苦茶ゆっくり歩く。
想像を絶する遅さだぞ。
そんな僕を気楽に受け入れてほしい。
僕自身も深く考えないから
アドバイスはお断り
3

他人より遅れてる？　だからどうした？

かく言う僕の人生がまったく不安じゃないとは言い切れない。たびたび不安になる。

だけど他人より遅れているという不安は特にない。

どのみち、のんびり型だから。

そう考えて、あえてゆっくり進んでいたら、前を行くみんなの背中がみるみるうちに見えなくなり、コースがわからなくなってしまった。

そんなわけで、みんながどこへ進もうが、ただ自分の道を歩んでいくしかない。おかげで、他人よりリードしているだの、遅れているだのという比較自体が無意味になった。

「ひょっとして今、取り残されているかも？」と不安なときは、きっと後れを取っているに違いない。だが、慌てて追いかける必要はない。

自分だけのペースとコースを探すことのほうがもっと大切だ。

遅れていることは恥ずかしいことじゃない。認めよう。

自分は今、遅れている。だからって何か問題でもある？

これくらいの図々《ずうずう》しさがあっていいのだ。


さて、せっかく遅れたついでに、ゆっくり進んでみたらどうだろう？　人生も長くなったのだ。生き急いでどうしようというんだい？

……な〜んて、僕だけ、のろのろと進んでいるからちょっと寂しくて言ってみた。

一緒にまったり行かないか？

もしみんなが賛同して一緒に歩いてくれるなら、この息苦しい社会も変わるかもしれない。

思い通りにいかないほうが正常だ

「ああ、何ひとつ思った通りにいかない……」

そうだ、僕らはいつも思い通りにいかずに苦しむ。

努力しなかったならともかく、それなりに精いっぱいやったのにうまくいかない場合は思いっきり落ち込み、後悔する。

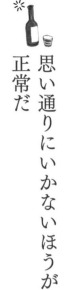

しかし、よく考えてほしい。

思い通りにいかないほうが正常だということを。

バカ言ってんじゃないって？

じゃあ、ある人が思い描いた通りにすべて願いが叶ったとしよう。お金がたくさんほしいと願えば金持ちになり、あの人に好きになってほしいと願えばその通りになり、あの人が死ねばいいのにと願えば……そんな能力を、僕らは正常だなんて思わない。それこそ超能力だ。

僕らは超能力者ではない。何事も思い通りにならないのが正常で、自然なことである。だけどその事実をすっかり忘れ、思い通りにいかないと思い悩んでしまう。

ジム・キャリーが主演した映画『ブルース・オールマイティ』に、こんなシーンがある。

バカンスに出た神様の代わりに全知全能の能力を得た主人公ブルースは、人々の願い事を一つひとつ読むのが面倒になり、すべての人の願いを叶えてやることにした。そうすれば、全員が幸せになれると考えたからだ。

しかし、世界は大混乱。一気に修羅場と化す。

数十万の人々が同時に宝くじで1等に当選するが、当選金は17ドルにしかならない。腹を立てた当選者たちが暴動を起こし、都市機能が麻痺する。

映画には登場しないが、企業の社長であれば社員をもっと安月給でこき使おうとするだろうし、受験生たちは合格を、バカな学生たちは学校が火事になって休みになればいいと願うだろう。

そんな望みが全部叶ったら……これ以上の災難はない。

こうなると、すべての人の願いは同時に叶うことはないどころか、叶ってはいけないとも思う。世界平和のためにも、そんなことはあってはならない。

勘のいい人は気づいたかもしれないが、僕がいつまでも恵まれた環境に身を置けないのも、すべて世界平和のためだったんだ。ノーベル平和賞が授与されるなら、喜んで頂戴します。


人生が、まわりの人たちが、世界が、すべてが思い通りにならずにつらいと不満を漏《も》らす人がそばにいたなら、その人は強欲だ。

どうしたら、何事も自分の思い通りにいくと思えるのだろうか？

かくいう僕自身も、認めたくはないが「超」がつくほどの欲張りだ。

なぜ貧乏な家に生まれたのか？　なぜイケメンじゃないのか？　なぜこんなにも低能なのか？　なぜ……つまり、自分の願い通りになっていることが何ひとつない。

もしかして人生とは、自分の願いや選択が叶うほうが少ないのかもしれない。

だけどそうだとしても、決して間違えているわけではない。僕らの人生は至極まっとうだ。何事も思い通りにいかない今が正常だ。苦しむ理由など何もないなんだ、これまで怒って損したな、フン。

不思議と慰められました……

理想通りじゃない「現状」を愛する

是枝《これえだ》裕和監督の映画『海よりもまだ深く』の主人公・良多は、小説家を目指すも15年前に文学賞を取ったきりうまくいかず、探偵事務所で働いている。社長に隠れて、顧客を丸め込んでは得た裏金をギャンブルにつぎ込むようなダメ男だ。

そんな良多が高校生から金を巻き上げるシーンで、こんなセリフのやり取りがある。

高校生「あんたみたいな大人にだけはなりたくないですよ」

良多「そんなに簡単に、なりたい大人になれると思ったら大間違いだぞ！」

その通りだ。誰もがそんな簡単に、なりたい大人になれるわけではない。

当然、良多だって、高校生に金をたかるような大人になりたかったわけではない。

それなりに一生懸命生きてきて、結果、そんな大人になってしまっただけだ。

僕だってそうだ。

子どもの頃に思い描いていた大人の自分は、今のような姿ではなかった。

中学生の頃に書いた日記によると、今頃はプール付きの家に住んで外車を乗り回し、働く必要はないが、趣味で会社を経営して、1年の半分くらいは海外を気ままに旅する大人になっているはずだった（世の中を知らないにもほどがある……）。

こんな中学生の浮世離れした夢までは望まないにしても、もう少し物質的にも、精神的にも豊かな大人になっていると思っていた。

しかし現実は〝想定外のミニマリスト〟の分際だ。

でも、夢見た通りじゃない今の人生は、はたして失敗なのだろうか？

誰にでも思い描く夢がある。ほんの一握りの人間だけがその夢を叶え、そうでない人間は別の道を生きることになる。

いうなれば、そうでない側の僕らの人生は、〝カニ〟の代わりにあてがわれた〝カニかまぼこ〟みたいなものだ。

期待していたレベルにはとうてい満たないカニかまぼこを前に、僕らは思い悩む。

ある者はカニかまぼこをカニにしようと努力し、またある者は我慢できずカニかまぼこを食べる。またある者は、こんなはずないとカニかまぼこさえも無視してしまう。

生きることが苦しいと思っていた時期、たくさんの夢をつかもうと手を伸ばしたが、そのたびに夢は指の間をすり抜けて飛んで行った。

それでも幸せになりたくて、苦しくても歯を食いしばって頑張った。しかし、いつまでたっても幸せを感じることはなかった。

けれど、ここ数年は幸せを感じる瞬間が増えた。状況が好転したからではない。ありのままの自分から目をそらして苦労し続けることをやめ、今の自分を好きになろう、認めようと決めたからだ。

自分の人生だって、なかなか悪くはないと認めてからは、不思議とささいなことにも幸せを感じられるようになった。

こんなことにまで幸せを感じられるのかってほどに。

※結局、人生は〝どう捉えるか〟

期待に満たない自分の姿だって、捨てたもんじゃないと思って生きるほうがいい。

夢を叶えられないと幸せになれないなんて、思い違いもいいところだ。

夢を叶えられたら素敵なことだが、叶えられなかったとしても、ただそれだけのこと。挫折感に苛《さいな》まれるくらいなら、「ああ、惜しかったなあ」くらいにさらっと払いのけたほうがいい。今、与えられた生き方で幸せを追うのにも、人生はあっといううまなんだから。

理想通りにならなくても人生は失敗じゃない。人生に失敗なんてものはない。

それは負け組がよく言う「合理化」「自己防衛」だと非難されるかもしれない。

そう言われると返す言葉がない。

でも、合理化、自己防衛は、つまるところ言い訳であっても、そんなに悪いとは思わない。自分の生き方を肯定し、愛し、大事にして、納得することがそんなに悪いことなのだろうか？

僕は自分の生き方をもっと好きになれるのなら、何万回も「合理化バンザ〜イ！」

と叫びながら幸せに生きるほうを選ぶ。

自分が自分の人生を愛さずして、誰が愛してくれるだろうか？

理想通りにならなくても人生は終わりじゃない。僕らは与えられた人生とともに生きていかなければならない。

だからこれは、**「人生をどう捉えるか」**という観点の問題だと思う。

カニかまぼこだって栄養価が高くて美味しい。今、僕らの人生はカニじゃなくてカニかまぼこなのだから、元気が湧いてこないわけがない。

このままでいいの？
それは自己合理化よ、卑怯者！
ほんとにカニじゃなくて
カニかまで満足？
カニかま？
大好物さ！
カニはそんなに
好きじゃない……

人生に大切なのは「ひげ戦略」

好きなテレビ番組を見ていたら、男の注目アイテムとかいって「ひげパウダー」なるものが紹介されていた。

何かと思ったら、粉状のひげを皮膚に貼り付けるという代物だった。くだらないと思う人もいるだろうが、ひげが薄いとか、伸ばしたくても生えてこない男たちにとっては、心ひかれるアイテムに違いない。

それはそうと、この商品で本当にひげを作れるのだろうか？　男性出演者たちが実演してみせた。しかし、不慣れなせいか、商品の限界なのか、なんとも滑稽《こっけい》な彼らの姿にスタジオは爆笑に包まれた。

その姿をあきれたように見ていた女性司会者が、こんなことを言った。

「たいていの女性はひげの男性って敬遠しがちじゃないかしら？　なのに男性は、なぜそこまでしてひげを生やしたいの？」

その質問に男性出演者のひとりがこう答えた。

「別に女性に好かれたいわけじゃない。ひげは男のロマンだ。それに、少数だが女性の中にはひげマニアがいるので問題ない」

そして、「煮え切らない多数を攻略するより、沸騰中の少数を攻略するほうが成功率ははるかに高い」と付け加えた。

ああ、何という説得力。目からうろこが落ちた気分だ。

ひらめきは突然に、ひげパウダーとともに降臨した。


ここで紹介した「ひげ戦略」とは、ずばり〝選択と集中〟だ。

まんべんなく一様にうまくやろうとせず、一点に集中して成果を高めようという戦略である。大多数に良く見られたいという思いを果敢にも放棄し、ひげマニアというごく少数に的を絞るのだ。

これは普段、僕らがやりがちな戦略とはずいぶん違う。

たいていの人が、「女性ウケするファッション」「女性にモテるヘアスタイル」なんてことを検索しては、万人ウケしそうなスタイルに自分を合わせようと頑張る。そんな戦略に見切りをつけ、女性に好かれようが嫌われようがひげを生やし、少数のひげマニアの女性とだけ付き合おうという潔さは、感心を通り越してリスペクトしかない。

女性の好みをあれこれ取り入れても競争力に欠ける原因は、こういうところではないか？　いろんな好みがある中で、ひげを好む女性だって当然いるという事実を、なぜ見過ごしていたのだろう。

ひげはアンチが多い代わりに、ライバルも少ないブルー・オーシャンそのものだ。

僕らはなぜ少数の嗜好を無視し、アンチを恐れたのだろう？

※ 誰かに合わせても、うまくいかない

「もっと万人ウケするものを作らないとダメだろうか？」

仲の良い後輩がこんな悩みをつぶやいた。

もちろん僕も同じく悩んでいる。クリエイターなら一度は考えたことがあるはずだ。世間の反応がいまいちで、自らの仕事に確信が持てず、不安に押しつぶされそ

うなときは特にこんな思考に陥りがちだ。

この長いスランプを抜け、いち早く世間から認められたい。売れたいという経済的な理由はもちろん、何よりも多くの人から好まれ、認められたい――。その思考にすり寄るたびに、クリエイターとしての作家性と大衆の嗜好との間で揺れ動くことになる。

だが結局、その悩みの答えはわかりきっている。

もし万人ウケするものを作ってヒットするものなら、そうしろと言いたい。

だが、実際のところ、万人に好かれるのは難しい。万人ウケしそうな物語に有名俳優をキャスティングし、ヒット狙いで作られた映画が次々と大コケしていくのを見てもわかるだろう。

人々が好むものを並べ立てて失敗するなんてよくあることだ。

人の好みは十人十色、そう簡単に推し量れるものではない。

大衆的な成功を収めたクリエイターの作品は、一般ウケにすり寄ったからではなく、本人がやりたくてやったことが誰かの心を打ったと見るほうが正しい。

それをもって「大衆の好みを狙い撃ちした」なんて表現を使うが、たまたまウケる要素があったにせよ、必ずしもそうではないと思う。むしろ万人ウケするものではないのに、大衆の支持を得たものも意外と少なくない。

「一般ウケしそうな作品」なんて結果論だ。そんな方程式があるなら、すでに僕がやっている。成功が保証されていることをやらない理由なんてないだろ?

クエンティン・タランティーノ監督の映画は、その最たる例かもしれない。

彼の初の長編映画『レザボア・ドッグス』以来の熱狂的なファンだが、タランティーノ監督の映画は、初期から現在まで一貫して大衆に迎合していない。ぶっちゃけ、B級情緒たっぷりで、はなから大衆ウケなんか度外視。終始、凄まじい暴力とハチャメチャなストーリーで疾走する。

そんなオタク気質満載のタランティーノ作品が、全世界で愛されていることが示唆するものは大きい。多くの人に好まれるには、逆説的だが、大衆に迎合せず、自らのカラーと世界観を押し通すべきではないか、と。

その世界に説得力があれば、大衆は熱狂する。そう、狙い撃ちされるのだ。

大衆にすり寄った作品は、どうしても薄っぺらくならざるをえない。大衆はそれを敏感に察知してそっぽを向く。

だったら、まだ個性的なほうがマシだ。そう、ひげ戦略だ。

マニアを中心に大衆的な人気を集めるタランティーノ監督だが、彼の映画が苦手なアンチも少なくない。やはり全員を満足させることなんて不可能なのだ。

※〝いいね！〟のために生きると疲れる

誰かに合わせようとすると、だんだん疲れてくる。

他人の心はわかりもしないどころか、移り気も激しい。そのたびに振り回されるからたまったもんじゃない。

自分を顧《かえり》みても、Aがいい、やっぱりBだとコロコロ変わるのだから、他人にどうやって合わせようっていうのか。

自分の好みを万人が認めるわけはない。

だけど幸いにも、万人ウケしそうなものをやっても結果は変わらない。

結果なんかわからないのだから、自分の好きなことをやったほうがいい。

まわりからの〝いいね！〟にすがりつくことなく、自分の世界に集中して高めていけば、いつかは誰かに認められるのではないか。たとえ認められなくても、少なくともやりたいことは思い切りやったんだから、他人に迎合して骨折り損になるよりも爽快だろう。

みんなに合わせようとすると、誰にも合わせられない。

だから、たくさんの人に良く見られようとせず、僕らはみなひげを伸ばそう(ん?)。

無難な人間より個性ある人間になろう。アンチを恐れるな! 僕らが個性を恐れる理由は万人に愛されたいという幼稚な(?)心のせいだということを噛みしめたら、もう迷うことはないはずだ。

それにしても、こんな話は成功した人が言ってこそ説得力があるものだ。僕のように何も成し遂げていないやつが言ってもイマイチ説得力に欠ける。すまない。普通に、万人ウケを追い求めるほうがいいのかもしれない。

諸君の健闘を祈る!

世界は広く、好みも多種多様。
個性＝競争力だ

普通で、つまらない毎日を幸せに過ごす

子どもの頃、こんなことを考えていた。今の父は実は本当の父親ではなくて、本物は別のところにいると（親父、ゴメン）。

本当の父親は財閥のたいそうな金持ちで、ひょんなことから息子の僕と離れ離れになり、僕を見つけるべくあちこち探しまわっている。だが、いまだに探し出せていない……そんな妄想だ。

そう遠くない将来、本当の父親が僕を迎えに来たら、この惨めな貧乏暮らしともオサラバさ。突拍子もない想像だとはわかっていたが、ドラマみたいなことが起きるかもしれないと、浅はかな希望を胸に抱いていた。

しかし、20歳になっても本当の父親は訪ねてこなかった。人探しって簡単じゃないんだな、財閥の会長が訪ねてこないところを見ると……。やがて、妄想上の本当の父親は、友達とのムダ話にたまに登場するだけになっていった。

そうやって時がたち、そんな話があったことすら忘れていた。40年たっても訪ねてこないのだから、もうきれいさっぱり忘れて生きていかなくちゃと思う。

残念だけど僕の人生にドラマはなかった。平凡で、驚きの大逆転もないまま……。

ああ、つまんない。

＊＊＊

これまでSNSなんてやったことがなかったが、少し前にインスタグラムを始めた。

一緒に始めた友人は、すぐさまどっぷりとその世界にハマっていった。

そして、数日間さんざん眺めた後、ため息をつきながらこんなことを言った。

「みんな毎日が充実しているなあ、それなのに俺ときたら……」

僕もインスタグラムを始めてから、彼と似たようなことを感じていた。

ほかのクリエイターたちの作品がめちゃくちゃカッコよく見えたし、人生もキラキラと充実しているように思えた。

毎日うまいものを食べて、いいところに住み、おしゃれな服を着て、さらにはルックスまでいいじゃん。ああ、かっけーよ。ドラマかと思ったわ。

僕の人生をドラマにするなら
こんな感じかな？

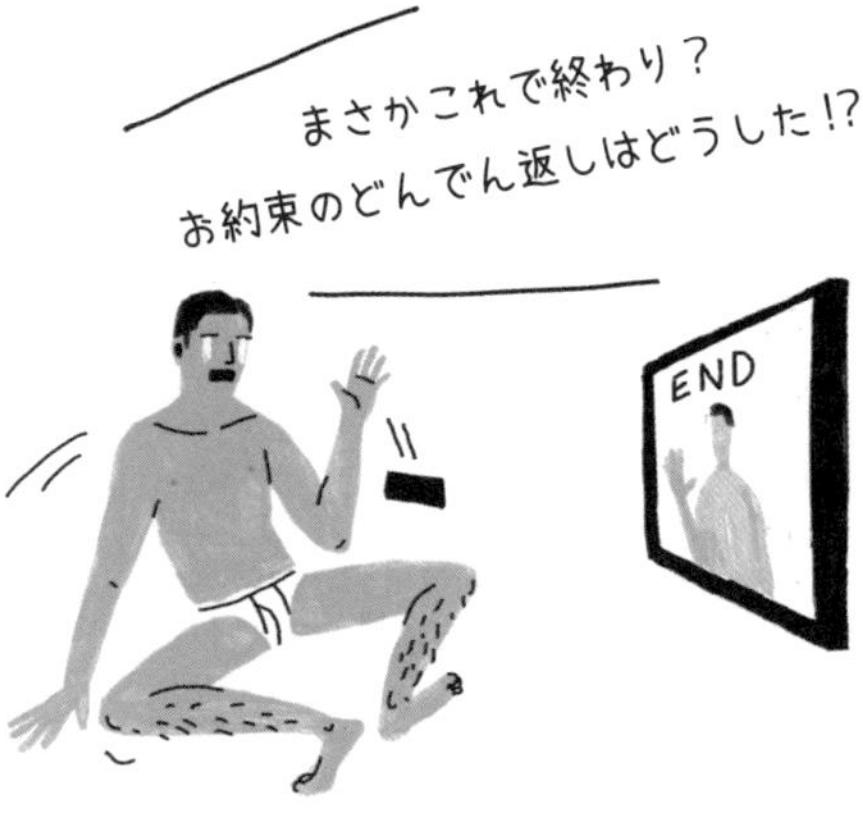

ああ、こんな悲劇、見たことがない

みんな主人公なのに、僕だけエキストラかよ！　と憂鬱になった。ＳＮＳを始めたらこうなると聞いてはいたが、自分だけは大丈夫だと思っていた。が、ダメだった。耐性がついていないだけかもしれないが、いくつかのアカウントを食い入るように見ただけで、いとも簡単に崩壊するメンタルだったとは……。

いや、このまま負けるわけにはいかない。自分の人生もなかなか悪くないはず。よっしゃ、僕だってこれみよがしに幸せアピールをしてやるぞ。

そこで、撮ったこともないのに、料理の写真を撮ってアップし始めた。

が、すぐにまた憂鬱になった。40のオッサンがどこで何を食べたのかを写真に撮ってアップして、何の意味があるのだろうか……。

しかし、懲りずに自撮りの練習までした。そして、またまた憂鬱になった。

ああ、僕は〝自撮りベタ〟ではなく〝顔面ベタ〟だったんだな……。サンキュー、大事なことを教えてくれて。人生は学ぶことでいっぱいだな。

いくら探してみても、僕の生活には他人にうらやまれるような要素が見つからない。だからアップする写真もない。

ああ、僕の人生は概してつまらない。

こんなクソつまらないインスタグラム、一体誰が見るんだよ！

※ つまらなく見える日常を愛そう

ほとんどドラマを見ないほうだが、シーズンごとに必ず見ているドラマがある。「オ・グシル」というウェブドラマだ。

オ・グシルという名のヒロインが登場する1話あたり2分ほどの短いエピソードが、僕の心を完全に捉えて離さない。

どうしてこのドラマが好きなのだろう?

「オ・グシル」には財閥が出てこない。胸が張り裂ける運命の恋もなければ、ヒロインを苦しめる悪人もいない。出生の秘密も、殺人事件も出てこない。このドラマでは何も起こらない。せいぜい、デートしたり、残業したり、トマトを育てたり、ビールを飲む程度。

もちろん、感じのいい男性にときめく瞬間もあるが、普通のドラマにあるようなイケメン俳優と美人女優が繰り広げる恋愛模様に比べたら、全体的に盛り上がりに欠ける。

こんな地味なテーマでドラマになるのかと思うほどだが、そのつまらなさが魅力だ。僕らの人生と何ら変わりない、特別でない話がドラマになるなんて。

優しい曲調が人気のシンガー、コーヒー少年の落ち着いたナレーションで紹介されるオ・グシルの生活は本当に愛《いと》おしい。

つまらなく見えている人生の一瞬一瞬を細かく温かく見つめるその視線がいい。他人が見落としがちなことをすくい上げる視線がうらやましい。こんな目に見えない価値を発見できる人になりたい――。だから、このドラマが好きだ。

人生を100とするなら、目に見える幸せな瞬間はどのくらいだろうか？楽しくてワクワクして、ドキドキして……。そんな瞬間を集めたら、良くて20くらい？　残りの80はといえば、おおむねいつもと同じで、つまらなくて、何もない地味なものだろう。

そう、人生の大半はつまらない。

だから、もしかすると満足できる生き方とは、人生の大部分を占めるこんな普通のつまらない瞬間を幸せに過ごすことにあるのではないか？

ささいなことに価値を見出し、つまらなさを肯定するオ・グシルのドラマみたいに。

全然ドラマチックじゃないと思っていた彼女の日常がドラマになると気づいた今、僕の毎日もちょっと違って見えてきた。

ダメな自分を認めたら、自尊感が増してきた

最近あちこちで〝自尊感〟という単語をよく見かける。インターネットやテレビ、書店など、いたるところで目につくところを見ると、どうやらトレンドらしい。

自尊感かぁ……。自尊心とは違うのか？　よく耳にするわりには正確な意味を把握していない。だから、今後知ったかぶりするためにも意味を調べてみた。

自尊感〔self-esteem、自尊感情、自己肯定感〕とは、「自我尊重感を縮めた言葉で、自身を愛し、尊重する心。自身の価値を信じて満足しているかについての自らの評価」のことらしい。自尊感が低い人ほど、劣等感を感じやすく、自戒の念に陥りやすいという。

なるほど、どうりで自尊感が人気を集めるわけだ。

終わりなき競争社会、就職難、貧富の差、外見至上主義、ＳＮＳ疲れに代表される時代だ。いつでも自分と他者を比較させられてムダに傷ついてしまう。自尊感の

回復は、きっと過去のどの時代よりも切実だ。

ところで僕の自尊感は大丈夫だろうか？

突然気になったので、簡単に自尊感レベルが確認できるというマーシャル・ローゼンバーグテストなるものをやってみた。全10問の設問で測る簡易テストで、僕の自尊感レベルは「普通」だった。おお、これでも普通なんだ。

安堵感とともに、思ったより低かったなあと、残念な気持ちも押し寄せた。こんなものでも高得点を狙おうとするなんて、どうかしてるぜ自分……。

考えてみれば、自尊感とは客観的な評価でなく、自分が自分をどう思うかが重要なポイントになる。

ローゼンバーグ博士が「キミ、めっちゃ普通だよ」と言ったところで、僕は「いいえ、もっと高いはずです」と信じてやまない人間だから、テストの結果など重要ではない。

つまり、このテストの点数を「高」まで引き上げようと思うのはおかしい。

ふう、あやうく頑張るところだった。

私は愛される価値がある。
今も十分その価値があり
他人の評価に振り回されることなく
とっても幸せだあ〜!!
フツーに誰かの
悪口を言ってる
ほうがマシだよ?
自尊感て
メンドクサイ

先日、YouTubeで法輪和尚《ポンニュンおしょう》〔韓国の著名な仏教僧〕の講演を見ていたら、自尊感について、これまでにない新たな解釈が語られていた。

和尚のお言葉によると「人は自身を評価するとき、たいてい良いほうに評価しようとする。そして自尊感が低い人ほど好評価を越え、自身を過大評価する傾向にある」のだそうだ。

おや？　自尊感が低い人は自身の存在を低く評価しているのではないのか？　逆に過大評価とは、一体どういうことだろう？　思わず耳を傾けた。

「自尊感が低い人たちは、自身を過大評価し、素晴らしい人間だという幻想を持っている。この幻想と現実のギャップが大きいほど、悩みも大きくなるのです。自分はこんなに立派なはずなのに、現実の自分は惨めで取り柄もなく、認められてもいない。こうして今の自分の姿に不満がつのり、次第に憎《にく》らしく、見るのも嫌になっていく。その究極が自ら命を絶つという悲劇につながる」

さらに法輪和尚の話は続く。

「リスは（法輪和尚はたとえ話にリスを登場させるのがお好きである）、ほかのリスより美《び》醜《しゅう》に劣るとか、ドングリを集められなかったからといって自殺したりはしない。動物たちには幻想がなく、ありのままの自分で生きている。現在の自分の姿に悲観して自殺を選ぶのは人間だけなのです。

ゆえに、幻想の姿に自分を合わせようと抗《あらが》うことは好ましくない。**幻想を捨て、ありのままの今の姿を認め、愛しなさい。**自分はまあこのくらいの人間なのだ、それでも悪くないね、と」

人によっては共感できないかもしれないが、僕はいたく感嘆し、ひざを打ちまくった。

やはり本当に修行している方は違うなあ！

僕のような行き当たりばったりのやつには、とうてい到達できない境地だ。

告白すると、僕はまさにその〝自分を過大評価している人間〟そのものだった。

自分が大人物だと思い込み、将来もそうなると固く信じていた。

自分はもっと意味のある生産的な仕事をする人間であり、他人と同じようにあくせくする人間ではないと思っていた。なんなら、自分だけは老いも死にもしないだろうと、ありえないことまで考えていた。

ところが現実はそうじゃなかった。

自分に与えられた仕事はたいした意味もなく、ただお金を稼ぐためのものだった。さらにはそのお金だって、世間一般ほどに稼ぐこともできず、不満だけがつのった。毎日苦しいのに、幻想の自分の姿には一歩も近づけず、やるせなく、焦り、いつだって満たされない気分だった。あげく、何かがおかしいと、部屋に引きこもって3年間も修行（?）したくらいだ。

僕が重度の過大評価患者であることは間違いなかった。

ほどよく理想を持つのが、ちょうどいい

「自分が本当にやりたいことは?」「自分が存在する理由は?」「人間はなぜ生きているのか?」など、空《むな》しい問答を果てしなく繰り返した末、幻想を振り払うことに3年もの時間を費やした。

そしてようやく今、自分が存在しているのはただ生まれたからで、特別な理由が

あるわけではないことに気づいた。

自分はたいした人間ではなく、平凡でちょっと不器用な存在であるということ。幻想の姿とはかけ離れていることを悟った。そして、自尊感は地に落ちたと思った。


しかし、だ。

ダメな自分を認めてから、逆に自尊感が向上した。

実際にそこを境に少しずつポジティブ人間になれた。小さなことにも感謝でき、仕事や人生に大きな意味を見出そうとしなくなった。生きていて初めて、幸せな気分を感じたのもこの頃だったと思う。

なぜだろう？　状況は変わらないのに、こんなに幸せでもいいのかなってくらいに、生まれて初めての不慣れな感情に戸惑った。

自分が何者でもないと認めてから自尊感が普通レベルに向上したというのだから、人生とはやはり皮肉なものだ。


さっきは否定したが、僕の自尊感レベルは間違いなく〝普通〟だ。今の自分にはだいたい満足だが、100パーセント満足というわけでもないから。

心の中に「もっと良くなりたい」という気持ちがまだあるし、自分が作り出した幻想の姿もいまだに存在する。しかし、昔みたいにめちゃくちゃかけ離れたものではないので大丈夫だ。この程度の貪欲さで暮らすのがちょうどよさそうだ。高い自尊感を持てるのが理想だが、今くらいでも十分幸せだ。今の普通の自尊感で十分満足できている。ゆえに、ムリに自尊感を高めようとも思わない。

自尊感が低いなら、努力して高めるべきか？

それがまた別のストレスにならないことを願う。

自尊感が高い人ほど成功すると言うが、ムリに高めようとするのはおすすめしない。自尊感とはそうやって高まるものでは絶対にないはずだ。

自尊感とは、ありのままの自分を愛することだから。

てっとり早く自分を不幸にする方法

最も簡単に、早く、自分を不幸にする方法を探すなら「他人との比較」をおすすめする。これはかなりの確率で不幸になれる方法だ。

信じられないなら、今すぐ自分よりも稼ぎのいい誰かさんや、容姿端麗な友人、芸能人などを思い浮かべてみよう。そして自分の人生をそっと横に並べて比べてみる。

……ああ、不幸だ、自分はなんて不幸なんだろう。

ほらね、誰かと比べることで瞬時に不幸を感じられる。

そんな理由で、以前から誰かと自分を比べないように気をつけてきた。

自分の人生が他人と違うことを不安に思うのではなく、プライドを持とうと考えた。こんなユニークな人生、誰も生きられないぞ、と。

だけど考えてみたら、人の人生はすべてユニークだ。世界中探してみても同じ生き方は二つとない。

もちろん、他人と比べない生き方を実践する道は平たんではない。いくら心をコントロールしながら過ごしていても、外敵からの不意打ちに、なすすべなくダメージを受けることもある。

その外敵とは、身近にいる「オムチナ」「オムチンタル」※と呼ばれる、親の友人のよくできた息子または娘たちのことだ。

「あの家の子は大企業に就職したそうよ。あんたはいつ就職するのよ」

「お友達の子たちはみんな結婚したっていうのに。一体いつ結婚するつもり?」

「あそこの家の娘は勉強もできて美人で、しっかり者で家事もよく手伝ってくれるそうよ。あんたもテレビばかり見てないで勉強くらいしなさい!」

勉強やスポーツができて、ルックスも良くて、おまけに性格まで良い人間は珍しくないが、それが親の友人の息子・娘となるとタチが悪い。

親が友人の子どもたちを見て抱く敗北感……。それを目の当たりにした僕らは、また親不孝をしていると申し訳ない気持ちになり、いっそうつらくなる。

※「母の友人の息子・娘」を略した韓国の新造語。自分と比較されたくないくらい優秀な同世代のこと

ターゲットは？
僕を不幸にした張本人、
母の友人の息子だ
必ず消してくれ

親も僕らと同じ人間だから、彼らの気持ちも十分に理解できる。彼らも若い時代には自分と同世代とを比べ、苦労してきたはずだ。

なぜ、あの子みたいに美しくないの？

なぜ、あの子みたいに勉強ができないの？

なぜ、あの子みたいに稼げないの？

そうやって若い日々を過ごし、年を取ってその比較対象が子どもに移っただけだ。

あそこの家の息子には孫が生まれたそうよ。

あそこの家の子はずいぶん稼いでいるそうよ……。

小さなことから大きなことまで比較ネタは尽きない。自分を比べて、子どもを比べて、その次は孫も比べて……。たぶん死ぬまでやめられないだろう。

もしかすると人間は、人生の大事な時間を、自分の幸せな理由を探すより、不幸な理由を探すことに費やしているのかも。これも一種のマゾヒズムだろうか。

※ 嫉妬なんて、ドングリの背比べにすぎない

それにしても、なぜ親という生き物は、ほかでもない「友人の子ども」と僕らを

比べようとするのか？

親の口から「マーク・ザッカーバーグはFacebookでずいぶん稼いでるそうじゃないの。それに比べてあんたは……」なんて小言は一度も聞いたことがない。

もっと優れた人たちがたくさんいるのに、なぜよりによって彼らの友人の子どもが、僕らの親を苦しめるのだろうか？

確かに、マーク・ザッカーバーグは僕らの気持ちを煩《わずら》わせたりしない（もちろん、めちゃくちゃうらやましくはあるが）。

僕らが激しい嫉妬を覚えるのは、自分と同等、または格下に見ている相手だ。

自分よりイケてないと思っていた相手が急に美しい恋人を連れて現れたとき、自分と同じような悩みを抱えている会社の同期が投資でちゃっかりお金を増やしているのを知ったとき、僕らは狂いそうなほどの嫉妬を感じる。

美男美女カップルのウォンビンとイ・ナヨンが結婚したところで、僕らは1ミリも嫉妬しない。ビル・ゲイツが所有する莫大な資産について、眠れないほど妬《ねた》んだりもしない。

僕らが嫉妬するのは、自分と同等または格下だと信じていたやつらが〝自分にないもの〟を手にしたときだ。はなから〝越えられない壁〟の向こう側の人々は憧れの対象ではあれ、嫉妬の対象ではない。だから親たちの気持ちを刺激するのが、彼らの友人の子どもというのも納得がいく。

似たレベルの人間同士、あいつよりマシ、こいつよりマシだとドングリの背比べをしながら生きていくのが人間世界なのかなと思う。

僕らのことを高いところから見ている人がいたらどう思うだろう？

きっとこんなことを言うんじゃないだろうか？

「不毛じゃのう、ふぉっふぉっ」

「仕組まれた欲求」に惑わされるな

時々、男性誌を読む。買って読むというより、カフェなどに置いてあるものを読む程度だが、ファッション、ライフスタイル、旅行、アート、自動車、グルメ、セックス……など、雑誌は読者が好みそうなネタの宝庫で、読んでいると時間のたつのを忘れる。

最新トレンドを知るのにも役立つ。へぇ、最近はこんなのが人気なんだ。まったくトレンディには暮らしていないが、トレンドは押さえていたい性分である。

でも、なぜだろう。すべてのコーナーを読み終わり雑誌を閉じたとたん、不思議と空虚でわびしい気持ちになる。

コーヒーを飲みすぎたのだろうか？

いや違う。雑誌を読み終わるまでずっと向かい合ってきたこんな数字のせいだ。

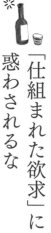

ガチガチにキメたくない日の、無造作に羽織れるブラックカーディガン
120万ウォン（約12万円）

ああ、僕は翻弄《ほんろう》されている。100万ウォン以上するカーディガンを、本当に無造作に羽織れるというのか？

その前に、カーディガンに100万ウォンも出すやつがいるって本当か？

もちろんいるだろうが、これは一般誌じゃないのか？

大衆が共感できない情報を載せるなんてどういうつもりだ。まるで「お前みたいなやつに共感してもらいたくて書いたんじゃないわ（笑）」と嘲笑されているようだ。

ああ、この妙な敗北感といったら……。

こういう、人をおちょくったような情報は、雑誌のあちこちで簡単に見つけられる。気軽に使えるというカバンが500万ウォン（まったく気軽じゃない）。インタビュー記事では、その日の気分に合わせて自動車を乗り換えるというカーマニアの話（しかもこいつ28歳）。時計はたくさん持っているが、父から譲り受けたロレックスが一番のお気に入りだという若手実業家（ロレックスを譲ってくれるお父様をお持ちで）。なんて

記事を読むたびに、ズタボロになった気持ちを落ち着かせるのに一苦労だ。

そして自動的に自分の暮らしと比較してしまうのだが、答えはいつも決まっている。

「僕の人生は人生と呼べない。うんこだ」

男性誌よ、僕に何の恨みがある？

※挫折マーケティングにダマされるな

アラン・ド・ボトンの著書『The Romantic Movement』には、そんな雑誌の本質についてのヒントが書かれていた。

「雑誌はアリスを不幸にするだけだった。ファッション欄では、自分のクローゼットにない最新の服を見せられて物悲しい気持ちになり、バカンス欄では自分が行ったことのない世界各国のまぶしい景色を見せつけられた。ライフスタイル欄を見ると、自分にはたぶん、まともな暮らしはおろかスタイルすらないことが浮き彫りになり、プライドが傷ついた」

――『The Romantic Movement』より

そうだ、雑誌の目的は読者に挫折感を与えることだ。

そしてその挫折感の正体は、高度に計算されたマーケティング戦略である。

多くの人がブランド品への欲望を抱く理由は、簡単に購入できないからだ。そんな挫折感がブランド品の価値を高める。

挫折感は、みなの欲求をいっそう煽り、ようやくそれを買えた人たちは、挫折感から抜け出せた喜びを享受する。と同時に、まだ入手できていない人たちにまた別の挫折感を抱かせ、持てる者はほんの一瞬の優越感を味わう。

しかし、そんな喜びもすぐに消えてしまう。挫折感は休みなく降りそそぐからだ。金持ちにだって〝挫折マーケティング〟は有効だ。彼らにとって大切なのは、自分の挫折ではない。他人の挫折だ。高価すぎて誰も買えないという事実だけでも、彼らは財布を開く。

ある学者もこう言っていた。富の真の目的は「誇示」だと。

まあ、とにかくそんな挫折を基盤にした商品とサービスを集めて、情報という名でラッピングして広告する印刷物が雑誌というものだ。

だから雑誌を読んで、挫折感を味わうのはムリもないのである。そうさせようと作ったものなのだから。

そうとは知らず、ムダに傷ついたじゃないか。やれやれだ。


世界は僕らが不幸だとダマしている。不幸になりたくないなら、もっと所有しなさいと囁《ささや》きながら。本来はない欲望を生み出してこそ、資本主義経済が回転していくから。

そんな資本主義社会でダマされることなく生き抜くのは、たやすいことではない。

ダマされていないか、常に自分自身に問いかけることが大切だ。


「今の自分の欲望はどこから来たものか？」

「自分の人生は本当に不幸なのだろうか？」

「世間にダマされることなく生きているだろうか？」と。

＊＊＊

今日もまたカフェに行き、習慣のように今月出た雑誌を手に取る。

あえて読まないほうが精神衛生上よろしいのだが、雑誌の目的を知ってからは以前ほど落ち込んだりはしない。相手の手の内はわかったから、ダマされず、挫折することもなく楽しく読む自信がある。

実際、読んでみると面白くてためになる記事も多い。まあそれも撒き餌みたいなものかもしれないが、撒き餌だけ食べて逃げる魚の心で雑誌を開く。

僕はおいそれとつかまりやしない。お前に僕は挫折させられない。

ページをめくると、「流行遅れの残念ファッション」というコラムが目に留まる。あるスタイリストが、ワークブーツはもう流行遅れ、残念ファッションだと言っている。

……ウソでしょ？　去年はマストハブアイテムだって言ってたじゃないか！

僕が買ったのは1年限定のマストハブアイテムだったというのか……マスト（must）の意味を知ってて使っているのかごるぁ……！

ああ、ダマされた。また僕を侮辱するとは。こんな雑誌なんて……！　えーーい、止めてくれるな!!

そう思い、その場で雑誌を思い切り破り捨ててやりたかったが、カフェのものなので、そっと本棚に返した。

今日はいつも以上にコーヒーが苦い。

これ、読んでみな。
君の人生がいかに
恵まれていないかわかるよ
HOMMA
APRIL
10 ITEM
SEASONAL BAG
Issue
Interview
S/S TREND
HOMMA
APRIL
これこそが人生さ。
ヒヒッ、悔しいだろ？

若い頃には戻れなくていい

それは太陽のまぶしい日だった。

散歩をしていたら、向こうから20代とおぼしき女性グループがキャハハと笑いながら歩いてくるのが見えた。何がそんなに楽しいのか知らんが、こちらも楽しい気分になる。

そんな彼女たちとすれ違うとき、ふとこんなことを思った。

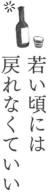

「あぁ、ピチピチだなぁ」

ピチピチ？　少し驚いた。若い女の子を見てピチピチしていると感じるなんて、間違いなく僕はオッサンだな。

もし僕が彼女たちと同年代だったら、そんなふうに表現しただろうか。いやいや、女の子を「かわいい」か「そうじゃない」かで区別していた若かりし頃を思うと、そんな表現を使うとはとうてい思えない。僕にもピチピチの時代があったが、その頃は同年代の仲間をピチピチしているなんて思いもしなかった。

若さから遠ざかったことで、ようやく若さがみずみずしく思えてきたようだ。

年を取ると、同じものを見ても感じることが違ってくるようだ。

人は何かを失くしてから初めてその価値に気づく。

僕もみずみずしさを失くしてから、みずみずしいものが好きになった。

最近、家に観葉植物をいくつか置いた。若い頃は自然になんかまったく興味が湧かなかったというのに。学校の遠足で樹木園に行っても、こんな木しかないところになぜ連れて来られたのかと腹が立った。

ところが最近は樹木園が好きだ。空気はさわやかだし、目にあざやかな新緑など、見どころもいっぱいある。まめに行けなくてもどかしいくらいだ。

若い頃はその良さがわからなかったが、これが年を取ってこそ享受できる特権なのだろうか。

春になり木の枝から黄緑色の新芽が出ているのを見ると、これ以上ない喜びを感じる。歩いていて元気いっぱいの新芽を見つけると、自然と「やあ！」なんて挨拶をしてしまう。

ああ……これは間違いなく若者にはありえないことだ。僕は青々とした自然に若さを見出す。そして若さに憧れる。

若さと引き換えに得られるもの

よく若者に向かって「いいときだね」なんて言うが、僕もその言葉には共感している。間違いなく、いいときだ。しかし、それを言ってはあげない。どうせ言ったってわからないし、もしそれを理解できるとしても言わない。そうです、意地悪です。

とにもかくにも、いつのまにか、ちらほら目立ってきた白髪を抜きながら座っているような、パッとしない中年男になった。再び、青さを取り戻すなんてできない。人生の春は過ぎ去り、夏も過ぎ去った。今は秋の入口に立っている。

いや、もう秋に入っている。体はみずみずしさを失い、しおれかけている（カサッ）。やがてカラッカラに乾いた落ち葉のようになるだろう。そうやって、寒い冬を迎えるのだ。

暑い夏の夜は過ぎ、
残されたものはパッとしない……

でも、別にひどいとは思わない。自分だけが老いていくわけではないから。これは自然の摂理だ。生命が咲いて散る、当然の循環だ。そこに抗ってもどうにもならない。時に自然は残酷だ。どんな不平も通じないから。

僕は青い木々に有限を見る。いつかしおれて消えてしまうからこそ切ないのだ。通り過ぎた季節だからこそ美しい。

若さが永遠なら、ありがたがる理由もない。それが永遠でないことは知っていたけど、直接経験した今だからこそ骨身にしみる。

しかし、戻りたいとも思わない。

若い頃は、それほど楽しくもなかった。いや、正直言ってつらかった。若さそのものは良いが、またあの苦痛を味わうと思っただけで腰が引ける。

若い日々は熱い。内側で火が燃えているかのようにエネルギーに満ち溢れ、時に猛暑で息苦しく、目がくらむほど眩しい季節だ。

過ぎてみれば何事も美しく思えるというが、若さは少し美化されているはず。

少し物寂しくても、余裕を楽しめる今のほうがいい。

暑い夏の夜は過ぎた。暑さから抜け出せてうれしい。いや、悲しい。いや、ワカラナイ。そうなるだろうと思った。中年ならではの余裕を味わいつくそうと思っていたのに、結局心境は複雑だ。

ああ、秋か。ちょっとセンチメンタルになってしまった。

何かを失うと、何かを得られる

最近、友人が恋人と別れた。去っていった恋人への思いを断ち切れない彼の姿を見るにつけ胸が痛んだ。愛する人を失うというのは、一つの世界を失うのと同じだ。その苦しみが痛いほどわかるから、何とか励ましてあげたいと思った。でも、適当な言葉が見つからなかったから、こう声をかけた。

「いいなあ、これでほかの子と付き合えるな。うらやましいよ」

それを聞いた彼の表情を見た瞬間、しまったと思った。

なんというか、僕には励ましのセンスがないようだ。「お前なんか友人でもなんでもない！」と一発殴られなかっただけマシだったかもしれない。

だが、友人にかけた言葉は、半分は笑ってほしくて言ったものだが、もう半分は本気だった。

終わった恋を嘆いても仕方ない。考えようによっては別れにだって良い面がある。

恋愛中でも結婚していても、ほかの誰かに目がいくことはよくあるだろう。偶然すれ違った人だったり、芸能人だったり……隣に愛する人がいるのに、人間ってやつは本能的に別の人が気になったり、ときめいたり、心のどこかで比べたりするようにできている。もちろん、僕は例外だが（コホン）。

そんな人間の本能的な弱点にも負けず、僕らは現在の関係を大切にする。その意味ではみな称賛されてもいいくらいだ。ほぼ忍耐の化身だ。

恋人と別れたなら、そんな忍耐ともおさらばだ。堂々と新しい恋を始めてもいいと許可されたも同然。なんて素敵なことだろう。我慢する必要はないのだ（もちろん僕だってわかっている。こんな言葉がなんの励ましにもならないことくらい……）。

❊ 失ったときこそ、得られる喜びを噛みしめよう

よく、「何かを得れば、何かを失う」と言う。

ここに成功した人がいる。誰もがうらやむその人も、成功するために何かを失っているはずだ。

仕事が忙しすぎて健康を害したとか、愛する家族と思い出を作る時間が取れなかったとか。そうやって、何かを手に入れることは、何かを失うことを意味する。

もちろんその話は、裏を返せば、何かを失えば何かを手に入れることを指す。ふだんの人は健康または家族との思い出を得られなかった代わりに、成功を得たようなものだ。

何かを失ったときは失ったことに気を取られて、何かを得ていることに気づかない。反対に、何かを得ようとするときは、それに集中するあまり失っていることに気づかない。

そして問題なのは、失ったときだ。何かを得ているときは幸せのほうが大きくて気にならないものだが、失ったときはそうはいかない。

喪失の悲しみは受け入れがたく、つらくて苦しい。

そんなときこそ、〝今何かを失ったから、やがて別の何かが得られるはずだ〟と考えられたなら、少しでも悲しみを癒やせるのではなかろうか。

恋人と別れた友人だが、最近では絵を描くことに没頭している。もともと絵を描いていたが、今は新たなジャンルに挑戦しているらしく、描いているときが幸せだと言っていた。

一つのさよならから生じた空間を、絵を描くことが埋めてくれ、さらに情熱まで見出せたのだ。何かを失ったら、何かを得られるという話は、やはり間違いではないようだ。

だけど今日みたいな雨の日には、去っていった恋人を思いながらグラスを傾けているかもしれない。ぽっかり空いた穴が完全に埋められるまでは時間がかかるだろう。

その空間も、早く別の何かで埋められますように。

それまでは彼女との思い出で埋めたとしても、悪くはないだろう。

励ましになるかわからないけど、空間は必ず何かで埋められるものだ

大切なのは「結果」ではなく「物語《プロセス》」

読書家と言うほどでもないが、本はかなり好きだ。幼い頃からひとり遊びの達人だったから、本は最良の友人であり、唯一の娯楽だった。

小学生の頃は、推理小説の面白さにハマッていた。犯人を追い、事件解決に向かって疾走するストーリー展開のシンプルさ、犯人がわかったときの痛快さが心地よくて、「シャーロック・ホームズ」シリーズやアガサ・クリスティーの推理小説を中心に読みふけった。

犯人はいつでも予想外の人物だった。まあ、まだ人生の何たるかもよくわからない子どもの推理では、犯人を突きとめるなんてどだい無理だったのだが。それでも推理小説は面白かった。

何よりも僕が魅力を感じていたのは、禁断の大人の世界を垣間見られる楽しさのほうだった。事件は、たいていお金や痴情のもつれから起こり、その欲望を見届けることにドキドキした。

だからだろうか、大人は子どもが推理小説を読むことをよしとしない。もう少し勉強になる本を読みなさいと言う。

そのたびに「大人だけ面白いものを読んでおきながらずるい」なんて思っていた。

中学生になると漫画を読むようになった。1990年代に入り、それまで禁止されていた日本の漫画が韓国に入り始めたからだ。『スラムダンク』『ドラゴンボール』『シティーハンター』『きまぐれオレンジ☆ロード』『らんま1／2』……手当たり次第に日本の漫画を読みあさったが、それこそ新世界だった。

『赤ちゃん恐竜ドゥーリー』や『走れハニー』など、よい子のための（?）韓国の漫画しか読んだことがなかった僕にとって、日本の漫画を読んだときの衝撃と言ったら……離乳食しか知らなかった赤子が、初めて味のついた料理を食べたときのようなインパクトだった。鳥肌の立つような刺激と快楽、目ン玉が飛び出るほどの衝撃は忘れることができない。

日本の漫画は、それはもうめちゃくちゃ面白く、愛国心なんてどこ吹く風の代物で、こんなに面白いものをずっと読んできた日本人に嫉妬を覚えるくらいだった。

しかし、大人の目には漫画なんて、ましてや日本の漫画となると有害図書そのものだった。子どもの僕が見ても確かにそうだった。やたらに暴力的で、やたらに扇情的なのだ。

だが、体に悪いものほど美味しいのが世の道理。その味を忘れられず、大人に隠れて漫画を読みまくった。大きくなったら堂々と読めるはずだから、早く大人になりたいといつも思っていた。

しかし大人になると、漫画ではなく小説を読むようになっていた。もっと複雑で、深い物語を求めて、自然と手に取ったのが小説だった。何を読もうが、もう人から何か言われる筋合いもないので気楽だ。

でも、ごくたまに「世の中にはこんなに読み物が溢れているのに、なぜわざわざ小説なの？」と聞かれることもある。

小説を読む人が少数派なのは後から知ったが、読まない人から見れば、小説は荒唐無稽な作り話で無用なものに見えるようだ。それよりも知識を得られる本のほうが有益だと考えているのだろう。

だがその通りだ。小説は特に実用的ではない。

なのに、小説が好きだ。なぜこんなに好きなのだろう？

小説以外の教養書、自己啓発書には手が伸びない。ああいう本はなんだか勉強している気になる。勉強は嫌いだ。

純粋に楽しい読書を追求していたら、ひどい偏食家になっていて、手に取るのは決まって小説だった。主人公がどんな葛藤と向き合い、何を思い、どうやって乗り越えたのか（または挫折したのか）が唯一の関心事だった。

※人生は「結果」だけでは評価できない

そもそも「物語」が好きだ。小説や漫画に限らず、映画も大好きだし、酒の席で誰かが話す物語を聞くのも好きで、まるで収集するかのように物語を読んで、見て、聞いている。まったく飽きないので、ここまでくると物語中毒と呼んでもいいだろう。

しかし、なぜそんなに物語が好きなのか。

物語は、人生だからだ。

物語の中には多様な人生がある。読んでも読んでも新しく、理解しがたい。だから気になるし、面白い。僕は人生中毒だともいえる。

アラン・ド・ボトンは、彼の著書『ステイタスの不安』の中でこんなエピソードを書いている。ゴシップ記事が売りの新聞社で、著名な文学作品のキャッチコピーを選ぶならこうなるだろうと。

オセロー【愛に目がくらんだ移民、元老院委員の娘を殺害】
ボヴァリー夫人【買い物中毒の不倫女　借金地獄の末に服毒自殺】
オイディプス王【実母との性的関係　盲目の愛欲】

細かいエピソードや過程をすっ飛ばし、結果だけを要約するとこうなる。

物語を無視した結果とはこんなにも冷酷だ。悲劇の主人公たちへの共感や理解は消え、代わりに嘲笑と軽蔑が生じる。

そのやり方なら、僕が好きな映画『花様年華』は「妻の不倫相手の妻と愛に堕ちる」に、『ジョゼと虎と魚たち』は「足が不自由な女性と恋に落ちた青年、障壁を乗り越えられず結局離別」なんて要約されるだろう。

最も美しく悲しい恋の物語だと思っている大切な2本の映画にそんなキャッチコ

ピーがついたら、僕はとても許せない。単純に不道徳な関係とか結婚に至らず失敗した恋愛だと片付けるのは、ちょっと乱暴すぎるじゃないか。きっとこの映画を見たことがある人なら理解してくれるだろう。ストーリーを最後まで見れば、単純に世間の物差しで評価できるような作品ではないとわかる。

忘れてはならないのは、僕らの人生もこれら物語と同じだという点だ。

どの人の人生も、ゴシップ記事の見出しではない。

とても長い物語、つまり小説なのだ。

「あの人はずいぶん稼いだから、成功した人生だ」
「望み通りにいかなかったから、失敗した人生だ」
「結局、結婚できなかったから、失敗した恋愛だ」
「大成功しなかったから、この仕事を選んだのは失敗だ」

物語を見ずに結果だけで人を評価するような習慣は、いつしかブーメランのように戻ってきて自分の人生を評価する。自分の人生は失敗だと判断し、成就しなかった恋は時間のムダと決めつけ、他人との単純な比較で自分の人生が惨めに思える。

しかし、それがすべてではない。もっと正確に言うとそう見えるかもしれないが、それが全部ではないという話だ。

誰にでも、目に見えるもの以上の多くの物語がある。

「俺の若い頃はな……」で始まるオジサンたちの武勇伝も、自分の物語を忘れないための悪あがきではないか。今は冴えない自分にも、輝いていた時代があったんだ。俺にも物語があったんだ。こう叫んでいるのではないか。

そう考えればオジサンたちがちょっとかわいらしく感じられる。もちろん、自分がオジサンだから擁護しているわけではないよ？

小説が実用性のないものだと言ったが、撤回する。

事実、多くのことを小説から学んだ。言語化できなかった複雑な感情も小説を通して知ったし、他人の行動や心理状態も小説を通して少しは理解できた。

たくさんの物語を知ることは、より多くの理解を得ることにつながる。

自分ひとり分の人生では物語が足りない。ゆえに理解も不足する。生き方、世の中、他人を理解できずに苦労する。

だから人間は、物語を発明したのかもしれない。なんて素敵な発明なのだろう。

ええ？　小説？
そんな使い道がないもの
読んでないで自己啓発書でも
読んだらどう？
これは自己啓発書より
重要な「自己理解書」だよ
비행운
김애란

人生、意外と悪くないかも

うまく説明できないが、たまにアンテナにビビッとくる映画がある。それが大好きな監督の新作ならそれ以上の詮索《せんさく》など必要ない。封切りまで指折り数え、どんなに面白いのだろうと期待に胸膨らませて待ち続ける。

封切り日には映画館に猛ダッシュし、ドキドキしながら映画を見る。

また一つ、新たなフェイバリット・ムービーが誕生するのか？　イントロからハンパないぞ……。

——上映が終わり、椅子から立ち上がれずにエンドロールをぼんやりと眺める。

映画に感動したからではない。戸惑いからだ。

特に何かが欠けていたわけではないが、手放しで絶賛できないもどかしさ……。

あまりに期待しすぎたのだろうか。ちょっとイマイチだった。

期待が大きすぎると必ずガッカリする。

まれに期待以上の作品もあるが、たいていはそうだ。だから、できるだけ期待しないことを心掛けている。

これは映画だけではない。すべてにおいて、そうだ。

何か食べるときも、本を読むときも、合コンに行くときも……期待しすぎるとがっかりする確率が高くなる。

それを知っているから、人に何かをすすめるときには、こう付け加える。

「あまり期待しないでね」

期待していない状態からなら、同じものでもかなり満足できるからだ。

使い古されたあの理論も思い出した。

グラスに半分くらい入っている水を見て、ある人は「ああ、もう半分しかない」と悲観し、またある人は「まだ半分もある」と喜んだという。その人の心持ち次第で、同じものも違って見えるのだ。

※ 期待しなければ、毎日がラッキーの連続

あることや対象が、思い通りになればいいと願って待つ。

「期待」とはそんな気持ちだ。

すでに望んでいる結果があるから、期待することで「基準」が生じる。

そして自ら設定した基準を満たすかどうかによって、「期待以上」「期待以下」に判別される。


逆に期待しなければ、基準がないから心も寛大になる。

少しでも良ければ満足につながる。

つまり、期待しなければ、良いことが起きる確率が上がるということだ。

ほんのちっぽけなラッキーでも、想定外の出来事なら十分に満足できる。

もし人生も、期待せずに生きられたら、毎日がラッキーの連続、すべてがサプライズプレゼントみたいに感じられるのかもしれない。

人生もこうありたい

だが、期待せずに生きるなんて、簡単なことじゃない。大切な自分の人生なのだから。

僕も以前は、「欲を捨てろ」なんて話を聞くと反吐《へど》が出た。それは、自らの境遇を受けとめろという意味と同じに思えたからだ。

奴隷として生まれたら奴隷のままで満足しろと？　何だか運命論的だと感じていた。そんな無気力なまま生きたくない。人生は自分が作っていくもので、定められているものではないだろうと。

しかし今なら、欲を捨てろという言葉の意味も少しわかる気がする。

古代ローマ時代の哲学者セネカはこんな言葉を残している。

「人生は順応すれば背負われ、反抗すれば引きずられていく」

何だって？　つまり何をしても人生をそのまま受け入れろという話？　最初はそう読み取った。

しかしよく考えてみたら、この言葉は、態度についての言及ではないか。「運命をそのまま受け入れろ」という意味ではなく、「人生は、どんな態度で生きていくかが重要である」ということだ。

同じ道でも、誰かは楽に行き、誰かは引きずられていく。すなわち、同じ人生もどういう態度で臨むかで、違って感じられるというわけだ。

期待すればするほど、人生が「これっぽっちの人生」としか思えなくなる。自分の願いとかけ離れた「引きずられていく人生」としか思えなくなってしまう。

「背負われていく」か「引きずられていくか」の違いは、「半分だけ」と「半分も」の差と同じく、自分の気持ちにゆだねられているのだ。

欲を捨てろという話は、夢を見るなということではない。

夢を見て叶えようとしても、過度な期待をするな、ということではないだろうか。絶対に叶えようと自分を追い込んだりせず、過度な期待をしすぎず、肩の力を抜いて夢に向かう人生のことだ。

でも、期待しない人生を生きるのは不可能かもしれない。より良い人生を望むこと自体、期待していることだから。

そんなときこそ、この言葉だ。

「あまり期待しすぎるな」

心に欲が生じるたびに、この言葉を呪文のように唱えよう。
あまり期待しすぎるな。合格ラインなんていう基準は設けず、過度な期待をせず、
楽しく生きてみよう。
そうすればそのうち、こう思えるかもしれない。

あれ？ 意外に悪くないね、人生って！

エピローグ

さよなら、一生懸命の人生

ほんの数カ月間だが、レザークラフトを習ったことがある。

初めのうちこそ、革で何かを作る過程が楽しかったが、慣れてくるとすべてが面倒に感じられた。

「ボンド塗り、めんどくさいなあ。あっ、手についた……」

「ミシンなら1分ですむところを何時間もかけて手縫いするなんて」

「もはや買ったほうがマシじゃないか？　そのほうが経済的だな」

面倒な作業をピョンと飛び越えて、結果だけポンと手にできたらいいのに……。

そんなこんなで興味を失い、レザークラフトはやめた。

そんなレザークラフトについて常々感じていた不満を友人に話したところ、こんな答えが返ってきた。

「どうして？　そこが楽しいのに」

友人が言うにはこうだ。

お金を出して手軽に買えるものをわざわざ手作りするのは、出来はどうあれその過程を楽しみたいからだ。

面倒な途中の過程も、集中して没頭できる貴重な時間であり、腹が立つほど時間がかかるのも、いつか必ず形になる喜びのためにある。これこそ真の娯楽なのだと。

結果ではなく〝過程そのもの〟が目的だと聞いて、ガツンと殴られたような感覚を覚えた。おお、身近にこんな賢者がいたとは。

振り返れば、いつも過程を楽しんでこなかった。

何かに没頭するのは嫌いではないが、何かを作り出す過程より、その結果にしか興味がなかった。

いかに早く、楽に、安く、望み通りの成果物を作り出すか、その経済的な観点のみを求めていたから、その途中過程を楽しもうなんて思いもしなかった。

そして、いつでも他人の結果をうらやんできた。

「こんなカッコいい絵を描くなんて」
「どうしたらこんな完璧な小説が書けるんだろう？」
「あいつの名声がうらやましい」

自分もああなりたい、あれくらいはできるはず……。そうやって、憧れの人たちの真似をしてあれこれ試してみたが、どれも長続きしなかった。

当然だ。彼らが何年、何十年と努力してきた結果だけを見て、それをお手軽に手に入れようとしてきたのだから。

心はいつも何かに急かされ、すぐさま結果が得られない場合は、「自分には才能ナシ」と簡単にあきらめてきた。

寿司は、
焼いたりしなくても
こんなに美味しいのに……

もちろん、何かをするときに「結果」を期待しないことはありえない。

でも僕は、あまりに結果を得ることだけを急ぎ、過程は「結果を得るために我慢する時間」くらいに考えていた。

その過程だって十分に楽しめたはずなのに。

それを忘れていたのだから、簡単に飽きてしまうのも当然だ。

僕がうらやんできた人々は、過程そのものも楽しめる人たちだったのではないか？

まったく同じことでも、人によっては楽しかったり、つらかったりする。それには好みや性格、技術の差もあるだろうが、何よりもそれに向き合う態度が重要なのかもしれない。

※ 同じ人生なら「一生懸命」より「楽しく」

「一生懸命頑張ります」

僕らはこの言葉をイヤというほど口にしながら生きている。

でも、この「一生懸命」という言葉には、嫌いなことを我慢してやり遂げるという意味が含まれている。つまり、楽しくないのだ。

だから、一生懸命生きるのはつらい。それは我慢の人生だから。

同じ人生、どうせなら〝一生懸命〟より〝楽しく〟のほうがいい。

考え方を変えるだけで人生が変わるなんて言ったら、大げさかな？

あまりにも平凡で、手垢が付きすぎて気に入らない言葉だが、結局これに尽きるだろう。

「天才は努力する者に勝てず、努力する者は楽しむ者に勝てない」

なるほど、まさにそうだ。

しかし、この名言自体は良いものだが、一つだけ問題がある。

それは、「必ずしも、人に勝とうとして楽しむのではない」ということだ。

ただ、楽しくやりたいだけ。誰かに勝つことが目的になった瞬間、楽しめなくなると思うから。

これからは一生懸命頑張る人生は終わりだ。耐えしのぶ人生は十分に生きた。

結果のために耐えるだけの生き方じゃダメだ。過程そのものが楽しみなのだ。

この先、こう考えることに決めた。ワープして飛び越えたくなるような苦しい時間ではなく、楽しい時間を過ごそうと。


いつのまにか忘れてしまっていたレザークラフトの楽しさがよみがえってきた。

一刻も早く完成させたいという焦りはいつしか消え、面倒なだけだった針仕事も、終わるのが惜しいとすら思える今。

まだ何ひとつ完成していないけど、これだけは間違いない。

僕は、今をしっかりと楽しんでいる。


ふぅ、あやうく一生懸命生きるところだった。

参考図書

＊久住昌之著　ヤン・オックァン訳　『昼のセント酒』（知識旅行社／２００６）
＊キム・エラン著　『飛行雲』（文学と知性社／２０１２）
＊久住昌之著　ハン・ナリ訳　谷口ジロー絵　『散歩もの』（ミウ社／２０１２）
＊アラン・ド・ボトン著　コン・ギョンヒ訳
『The Romantic Movement』（ウネンナム社／２００５）
＊アラン・ド・ボトン著　チョン・ヨンモク訳　『ステイタスの不安』（ウネンナム社／２０１１）

［著者］

ハ・ワン

イラストレーター、作家。１ウォンでも多く稼ぎたいと、会社勤めとイラストレーターのダブルワークに奔走していたある日、「こんなに一生懸命生きているのに、自分の人生はなんでこうも冴えないんだ」と、やりきれない気持ちが限界に達し、40歳を目前にして何のプランもないまま会社を辞める。フリーのイラストレーターとなったが、仕事のオファーはなく、さらには絵を描くこと自体それほど好きでもないという決定的な事実に気づく。以降、ごろごろしてはビールを飲むことだけが日課になった。特技は、何かと言い訳をつけて仕事を断ること、貯金の食い潰し、昼ビール堪能など。書籍へのイラスト提供や、自作の絵本も１冊あるが、詳細は公表していない。

［訳者］

岡崎 暢子（おかざき・のぶこ）

韓日翻訳・編集者。1973年生まれ。女子美術大学芸術学部デザイン科卒業。在学中より韓国語に興味を持ち、高麗大学などで学ぶ。帰国後、韓国人留学生向けフリーペーパーや韓国語学習誌、韓流ムック、翻訳書籍などの編集を手掛けながら翻訳に携わる。訳書に『Paint it Rock マンガで読むロックの歴史』、翻訳協力に『大韓ロック探訪記（海を渡って、ギターを仕事にした男）』（ともにDU BOOKS）など。

あやうく一生懸命生きるところだった

2020年１月15日　第１刷発行
2024年11月21日　第18刷発行

著　者——ハ・ワン
訳　者——岡崎 暢子
発行所——ダイヤモンド社
〒150-8409　東京都渋谷区神宮前6-12-17
https://www.diamond.co.jp/
電話／03･5778･7233（編集）　03･5778･7240（販売）

装丁————杉山健太郎
本文DTP——梅里珠美（北路社）
製作進行——ダイヤモンド・グラフィック社
校正————加藤義廣（小柳商店）
印刷／製本—勇進印刷
編集担当——畑下裕貴

ISBN 978-4-478-10865-9